Le guide du bien-être au travail

Groupe Eyrolles
61, bd Saint-Germain
75240 Paris Cedex 05

www.editions-eyrolles.com

ISBN : 978-2-212-55542-4

Romain PIGEOT

Charles-André PIGEOT

Le guide du bien-être au travail

EYROLLES

Sommaire

Préfaces

Jusqu'à la fin des années 90, j'ai pensé, comme beaucoup, que le stress était un « effet de mode » et ne concernait qu'une élite, ou certains quartiers parisiens. Certes, je lisais les « marronniers » des hebdos qui, tous les ans, traitaient du stress des cadres. Mais cela me renforçait dans mes convictions que le stress ne concernait qu'une minorité privilégiée. Au demeurant, originaire d'une famille d'ouvriers, je n'avais jamais entendu prononcer le mot « stress » dans ma jeunesse. Parler de souffrance au travail m'apparaissait comme une position idéologique, sans fondement, comparé à ceux qui n'ont pas, ou ne retrouvent pas, de travail et sont du coup confrontés à des problèmes familiaux.

Certes, dans ma carrière, j'avais déjà vécu des tensions, des surchauffes, des angoisses, des difficultés de sommeil... Mais je pensais que ce n'était que la contrepartie normale des responsabilités, de ma rémunération, des avantages sociaux qui m'étaient donnés.

Aux organisations syndicales, aux médecins du travail qui, à partir des années 90, parlaient de stress au travail, je répondais par un « déni », axant mon activité sur l'amélioration de la sécurité et des conditions physiques de travail, en particulier dans l'industrie automobile.

Il a fallu, malheureusement, au début des années 2000, cinq suicides de salariés d'une usine de mon groupe en six mois, pour que je sois confronté réellement aux risques psychosociaux. J'étais un DRH « désorienté », démuni, ne maîtrisant aucun aspect de cette situation, n'ayant aucune connaissance du « mal-être » au travail. Je mis le thème du stress au travail sur la table des discussions avec l'encadrement, les organisations syndicales, mes collègues du comité de direction générale, et, grâce à nos échanges, fut ainsi levé un « tabou ». Des échanges, je compris que la santé psychique n'était pas une question de mode, mais la résultante d'évolutions profondes du travail, des organisations, des modes de vie et de la vie familiale. Des enquêtes, des questionnaires et des entretiens menés par un cabinet spécialisé m'ont conforté dans l'idée que, pour les ouvriers, les contremaîtres et les cadres, le travail est bien plus que le moyen de gagner de l'argent pour vivre. Il constitue une source d'épanouissement personnel, d'insertion dans le collectif, une opportunité pour se construire, se réaliser, se développer.

De cette expérience, je déduis différents aspects :

- que les dirigeants d'entreprise, les DRH, les médecins du travail sont peu formés et sensibilisés à la « santé psychique » et aux risques psychosociaux ;
- qu'il faut travailler au sein des entreprises pour rechercher les facteurs qui favorisent, ou empêchent, l'engagement, l'implication, la réalisation de soi, la construction d'une identité ;
- qu'avec les partenaires sociaux, il faut rechercher les facteurs de stress, tels que la charge de travail, la perte d'autonomie, le manque de reconnaissance, les conflits au sein de l'équipe, etc., mais également les facteurs qui favorisent le « bien-être », tels que les bonnes relations de travail, des évolutions de carrière possibles, un appui de l'encadrement, etc.

Ces démarches, indispensables au sein des entreprises, ne peuvent agir sur les facteurs exogènes aux organisations qui agissent fortement sur la santé psychique et empoisonnent l'existence, tels que des relations familiales tendues, la perte d'un être cher, des conditions de transport difficiles, des difficultés financières…

Le travail sur les structures est incontournable. Les directions, les organisations syndicales et surtout les salariés eux-mêmes doivent diagnostiquer les facteurs de stress ou de contraintes, ainsi que les ressources collectives qui en permettent la régulation.

Ces actions collectives sont majeures pour pouvoir dégager des politiques de ressources humaines, d'organisation et de management du travail, permettant une amélioration continue de la qualité de vie au travail, investissement au service de l'entreprise, de sa performance.

Le thème du bien-être au travail me renvoie à une question qui se pose avec force, celle du sens donné au travail.

Le sujet concerne toutes les entreprises, quels que soient leur secteur d'activité et leur taille. La crise économique et financière ainsi que la vague d'événements dramatiques qui a frappé certaines grandes entreprises françaises ont donné plus d'acuité à la prévention des risques psychosociaux, et notamment au stress professionnel, sujet méconnu et souvent tabou dans les entreprises.

Toutefois, si ces éléments renvoient à des notions de charges et de contraintes, ne perdons pas de vue que le bien-être au travail est le résultat d'un juste équilibre entre des éléments très divers tels que l'intérêt du travail, l'ambiance, le sentiment d'implication et de responsabilisation, le droit à l'erreur accordé à chacun, la reconnaissance et la valorisation du travail effectué, les perspectives d'évolution, la culture de l'entreprise, le respect des hommes et des femmes, les rythmes et horaires de travail, les temps et conditions de transport…

On le voit, le bien-être au travail ne se décrète pas. Il se développe au travers d'actions et de pratiques concrètes, mises en œuvre au quotidien : comme la gestion des ressources humaines, les pratiques de management, l'organisation, la conduite du changement, la communication.

La question du sens donné au travail est essentielle car elle représente un facteur fort de l'engagement, de l'épanouissement, de la santé, mais aussi de l'efficacité collective et de la performance globale de l'entreprise. Le lien entre performance économique et innovation sociale est avéré : dans les entreprises où la productivité et la qualité sont supérieures, la qualification et l'autonomie le sont aussi. Il faut donc créer les conditions de ce cercle vertueux de la qualité de vie au travail car la question du bien-être au travail ouvre sur celle, plus large, de la place dans l'entreprise des hommes et des femmes qui la composent.

Dès lors, cela implique la volonté des entreprises au plus haut niveau de direction, car c'est la condition pour que toute l'entreprise intègre ces enjeux dans sa culture de travail et leur donne une traduction concrète à travers sa ligne managériale. Cela implique aussi l'engagement de tous les acteurs – DRH, CHSCT, médecins du travail –, sans oublier les collaborateurs eux-mêmes. Or, s'il est nécessaire, le sens est rarement donné d'emblée.

Les décisions, les orientations de l'entreprise sont bien souvent expliquées en termes de résultat attendu, mais rarement en termes d'enjeux et de finalité. Pour s'engager pleinement les collaborateurs doivent pouvoir comprendre les choix de l'entreprise, leur place dans l'organisation globale et leur contribution aux objectifs.

Plutôt que de considérer le cadre légal comme une contrainte, envisageons-le comme une véritable opportunité de réinvestir l'humain dans nos politiques sociales. Valoriser le plaisir de travailler relève finalement de pratiques simples, presque naturelles, liées à l'organisation du travail et à sa reconnaissance. Cela relève également, au premier plan, d'une conviction qui doit être partagée, celle qu'il ne peut y avoir de performance économique sans progrès social. Le bien-être au travail va de pair avec l'efficacité et la performance. Il s'agit bien là d'une question fondamentale.

Tout l'intérêt de l'ouvrage de Charles-André et Romain Pigeot est de vulgariser le stress, d'apporter des outils permettant d'étoffer les diagnostics, surtout de mieux le comprendre et pouvoir ainsi supporter le quotidien. Le « bien-être » est une nécessité pour l'entreprise, mais aussi, et surtout, pour les hommes.

Jean-Luc Vergne
Ex-DRH de grands groupes industriels et bancaires
Ex-président de l'AFPA (Association nationale pour la formation professionnelle des adultes)

****
**

Sans revenir sur des considérations historiques « post-Seconde Guerre mondiale », l'évolution sociale est à prendre en compte. Les « Trente Glorieuses » ont laissé la place aux « Trente Piteuses ». Les Trente Glorieuses ont été portées par un capitalisme d'entreprise soucieux de l'humain, alors que les Trente Piteuses l'ont été par un capitalisme financier qui s'intéresse plutôt à la performance et aux indicateurs de résultats sur des délais de plus en plus courts. La dégradation progressive des conditions socio-économiques est allée de pair avec celle des conditions de travail.

Le milieu du travail en Europe, et plus particulièrement en France, est en difficulté : le non-emploi est une réalité, et le stress au travail est en croissance. Le travail, tant dans le secteur public que privé, se déroule dans des conditions difficiles.

À ce titre, les tentatives de suicide et/ou les suicides réussis en sont un des témoins, indiscutable et spectaculaire. Une enquête récente du Bureau international du travail estime à 3 ou 4 % du PIB les sommes perdues pour gérer les conséquences du stress au travail.

Dans ce contexte, l'aide aux travailleurs, y compris les cadres « de haut niveau » qui n'échappent pas à ce diagnostic, passe par une aide collective et une stratégie d'entreprise, mais aussi par une aide individualisée. Cependant, l'accès au psychiatre et/ou au psychologue n'est souvent qu'une fiction et un objectif impossible à atteindre.

C'est à partir de ce constat qu'on ne peut que louer l'initiative de cet éditeur et la contribution des deux auteurs de ce livre, dont le but est de mettre à disposition :

- les explications qui permettent de comprendre les modes d'organisation et les jeux d'acteurs contribuant à l'émergence de ces douleurs, ces conflits et ces drames survenant au travail ;
- la description d'outils et de techniques utilisables par chacun de nous pour améliorer, voire éviter ces situations difficiles.

Ce qui est remarquable, dans cet ouvrage, c'est l'autonomie de gestion de ces situations qui est offerte au lecteur : la gestion du stress est possible par le développement du bien-vivre au quotidien et du bien-être au travail en particulier, l'ensemble reposant sur le renforcement de l'estime de soi.

L'association d'un médecin et d'un manager qui, par ailleurs, se connaissent bien, est un gage d'expérience et de compétence garantissant la qualité du produit que vous allez lire.

Nous formulons des vœux de succès pour cet ouvrage, succès dont nous ne doutons pas, et d'utilité pour ceux qui s'engagent dans sa lecture.

Professeur Yves Matillon
Directeur de l'équipe de recherche interdisciplinaire
« Santé, Individu, Société »
Université Claude-Bernard Lyon I

Introduction

Pourquoi ce livre ?

« Encore un », diront certains. « Il y en a tant sur le marché qui traitent du même sujet », diront d'autres… En fait, tous tendent à nous proposer des solutions pour vivre au mieux notre quotidien. Et pourtant, force est de constater que les individus sont aujourd'hui de plus en plus malheureux. Dans la souffrance, ils aspirent tous au bonheur, rêvent de vivre heureux, d'être en paix intérieure et de ne plus s'inquiéter de tout.

De nombreux ouvrages actuels proposent une approche philosophique de l'inquiétude grandissante de chacun face à un avenir imprévisible, et donc angoissant. Ces livres sont particulièrement intéressants et nous vous conseillons de les étudier pour mieux comprendre les bases des leçons philosophiques de la sagesse dans un monde en plein bouleversement. Personne n'a pu prévoir les grandes crises boursières, et surtout leurs conséquences. Regardez le problème de l'euro qui inquiète régulièrement les grandes places financières, la dette des pays européens ainsi que celle des États-Unis qui bouleversent tous les marchés capitalistes, et la vigueur des pays émergents qui risquent de déstabiliser un marché aujourd'hui non seulement incertain, mais très instable.

Tout cela nous entraîne dans un doute commun qui ne cesse de grandir et qui peut nous conduire à l'immobilisme. C'est ce que la plupart des ouvrages tentent de démontrer à toute cette population en attente d'un autre monde. Mais pour changer ce monde, il faut peut-être commencer par changer soi-même, mieux se connaître, et utiliser toutes les ressources et les trésors cachés que nous possédons. C'est ce que nous allons vous proposer de faire d'une façon simple, facile et pratique.

Bien sûr qu'il est important de changer sa philosophie de vie lorsqu'on n'est pas en phase avec le monde actuel. Mais ce n'est pas suffisant. Il faut avoir une boîte à outils qui non seulement vous permettra d'appliquer les grands fondements de la société, mais surtout d'employer régulièrement des méthodes fiables pour assurer au mieux votre quotidien. Une mère de famille célibataire avec deux enfants qui gagne le Smic ou un chômeur sans ressources, ou encore un salarié qui est harcelé au travail pour qu'il démissionne ne se contenteront pas de théories, mais chercheront, par tous les moyens, des procédés qui leur permettront de supporter le quotidien et d'avoir l'énergie nécessaire pour rebondir, et ainsi changer de statut.

Qui n'a pas eu souvent cette impression désagréable de subir sa vie, de ne pas pouvoir saisir les événements qui se succèdent et de ne pas avoir le loisir d'observer le temps qui court ? Nous ne sommes plus dans la vitesse, mais dans l'accélération et l'expansion que nous ne pouvons plus maîtriser et qui déclenchent ce sentiment constant de ne pas se réaliser, avec le risque de réduire son estime de soi.

Nombre d'entre nous ne sont pas épanouis. Nous les entendons trop souvent exprimer leur mal-être :

- « Ma vie est intolérable. »
- « Je n'ai plus confiance en moi. »
- « Je ne me sens pas capable de… »
- « Je ne suis pas à la hauteur. »
- « Je n'en peux plus, je suis à bout. »
- « Je vais craquer. »
- « J'ai peur de tout. »
- « Je ne me supporte plus. »

Comment voulez-vous vous accomplir, vous épanouir au travail lorsque de telles pensées envahissent votre esprit ? Il est temps d'apprendre à les modifier, à les transformer pour vous permettre de vous libérer de ce carcan où vous êtes en train d'étouffer.

Les neurosciences, en plein développement, ne cessent de nous procurer des éléments crédibles, qui vont vous éclairer, en parcourant ce guide, sur votre mode de fonctionnement, sur la façon de corriger vos interprétations erronées du monde qui vous entoure et sur la manière d'assimiler des méthodes qui vous conduiront au changement, avec, pour objectif, de retrouver votre autonomie et vous faire respecter.

L'essor actuel des thérapies comportementales et cognitives nous apporte une aide précieuse pour aborder la vie d'une façon positive, pour mieux gérer les conflits qui ne cessent de s'accroître, pour communiquer avec efficacité et bienveillance et pour lâcher prise, afin de mieux se défendre dans ce monde envahissant, étouffant et sclérosant qui peut mener à l'anéantissement de soi-même.

Présentation et utilisation de ce guide

Ce guide se veut pratique, simple et utile. Il doit vous permettre de devenir l'acteur de votre vie, c'est-à-dire qu'il doit vous aider à trouver la bonne solution aux problèmes que vous rencontrez, et ainsi à mieux réagir face aux difficultés quotidiennes que vous êtes amené à supporter au travail.

Pour devenir l'acteur de sa vie, il faut travailler sur différents points que nous traiterons tout au long de cet ouvrage :

- l'importance du travail dans la vie de l'homme, les valeurs du travail, ses contraintes, ses objectifs, comment se construire soi-même à travers son travail et comment éviter toute cette souffrance ressentie si souvent au cours de la journée ;
- le stress avec ses conséquences, son mode de fonctionnement, son utilité, la manière de le rendre positif, créatif et motivant. Nous aborderons les principales techniques actuelles pour le vivre avec sagesse ;

- le monde étonnant et fabuleux des émotions, pour les reconnaître, les définir, leur donner un sens et les utiliser comme des alliées, et non les subir comme des rivales ;
- la force dévastatrice de la pensée automatique, cette pensée qui, lorsque tout va bien, ne vous pose aucun souci, mais qui vous dérange vite lorsque l'émotion augmente en intensité, puisqu'elle devient alors, la plupart du temps, négative. Elle envahit notre cerveau et finira par s'organiser en boucles de rumination, ce qui représente un risque dépressogène majeur. Le but est de formuler une pensée alternative qui remplacera très vite la pensée automatique et vous permettra de retrouver le bon sens ;
- les techniques d'interaction sociale, qui concernent les difficultés relationnelles que l'on est susceptible de rencontrer au travail et peuvent conduire au conflit. Très efficaces, elles vous accompagneront dans votre vie professionnelle et vous permettront de vous affirmer ;
- l'empathie, qui est la base de toute relation professionnelle active et puissante. Elle reste le fondement nécessaire pour un échange véritable et efficient ;
- le lâcher-prise, qui reste aujourd'hui bien difficile à appliquer face à l'accélération du temps. Pourtant, sa mise en route et ses résultats sont tout à fait convaincants. De nombreuses astuces vous permettront, avec beaucoup de simplicité, de retrouver cet état qui conduit à la sérénité ;
- enfin, vous découvrirez des conseils simples et de bon sens qui vous autoriseront à progresser dans un environnement sain, écologique et évolutif dans le but d'atteindre ce bien-être tant attendu et bien mérité.

Pour la bonne utilisation de ce livre et pour obtenir des résultats rapides et optimums, nous vous conseillons d'avoir à vos côtés en permanence un cahier, un stylo vert et un stylo rouge, qui vous permettront de réaliser tous les exercices recommandés dans les pages qui suivent. La couleur rouge vous sera utile pour exprimer tout ce qui est négatif. La couleur verte vous permettra d'apprendre à transformer le négatif en positif.

Il est toujours intéressant de traduire sur papier son ressenti, ses émotions et son histoire personnelle. C'est le meilleur moyen de mieux comprendre toutes les difficultés qui entravent notre bien-être et de trouver la solution adaptée à chaque problème.

Attention, trop souvent vous allez essayer, pour gagner du temps, de faire les exercices dans votre tête : c'est une erreur. Il faut, au début, être très scolaire et appliquer les consignes à la lettre. Ce n'est que lorsque vous aurez pris l'habitude de raisonner différemment que vous pourrez enfin vous libérer de votre cahier, sachant qu'il est utile de le regarder régulièrement pour confirmer vos progrès et pour vous faire une piqûre de rappel.

Chapitre 1

Comment accéder au **bien-être** ?

Le bien-être n'est pas une émotion, mais plutôt un sentiment qui peut s'installer lorsqu'il existe une parfaite cohésion entre soi-même et l'extérieur. Ce n'est pas une émotion, puisqu'une émotion est le plus souvent violente, envahissante, déstabilisante et peut s'accompagner d'un certain nombre de réactions physiologiques plus ou moins agréables selon l'intensité émotionnelle.

Le bien-être est considéré comme un sentiment, un état. Il n'est pas expansif comme l'émotion. Il s'installe et peut durer dans le temps, en laissant généralement une sensation agréable de plénitude et d'épanouissement tant recherchée. Il est important d'en prendre conscience et de savourer.

Tout individu souhaite accéder au bien-être au travail, ce qui implique une parfaite harmonie entre ce qu'on attend de ce travail et ce qu'on en reçoit.

Les principaux ingrédients nécessaires au bien-être sont essentiellement :

- posséder des valeurs fondamentales qui soient en conformité avec celles de l'entreprise ;

- avoir un travail qui plaît ;
- être en harmonie avec soi-même et le milieu dans lequel on évolue ;
- avoir une hygiène de vie parfaite ;
- se sentir en sécurité (voir schéma dans cahier central, p. VII).

Le bien-être au travail ne peut exister que si chaque individu travaille sur son bien-être intérieur et sur son propre équilibre.

C'est avant tout un travail sur l'individu qui est réclamé, puisque la notion de groupe ne peut œuvrer que si l'identité de chacun est parfaitement définie. C'est à cette condition que le groupe pourra fonctionner, et ainsi donner toute l'essence nécessaire à l'interaction de cette unité.

Nous sommes tous bien conscients que le travail est nécessaire, utile et même indispensable à la santé de l'homme pour mieux vivre, se reconnaître, se valoriser, et surtout se socialiser. C'est donc une valeur sûre.

Mais aujourd'hui, le travailleur est dans la souffrance. Il se sent dépassé, incompris, inutile, stressé, angoissé et souvent même harcelé. Il ne ressent plus ce sentiment de gratitude qui est indispensable pour se sentir reconnu dans cette grande dynastie que l'on appelle l'entreprise. On pourrait comparer effectivement l'entreprise à une grande famille qui était jadis bien structurée, intégrante, culturelle, bienveillante et rassurante. Elle est devenue actuellement peu sécurisante, peu communicante et même, souvent, incompréhensible avec des objectifs qui paraissent de plus en plus inquiétants.

On ne sait plus qui l'on est, à quoi on sert, quelle place on occupe vraiment au sein de cette grande famille qui a perdu cette belle notion de cohésion sociale.

Alors, comment rendre le travail épanouissant ? Comment se retrouver dans l'acte accompli ? Enfin, comment se sentir respecté ? La réponse est simple : pour se sentir à l'aise au travail, il est important d'apprendre à se connaître, de comprendre ses réactions et de déterminer quels sont les facteurs qui nous conduisent toujours dans la même tourmente.

Apprendre à mieux se connaître : la notion de schéma

Avant de poursuivre la lecture de cet ouvrage, il nous paraît pertinent d'aborder dès à présent la notion de « schéma », qui permet d'expliquer vos comportements et vos façons d'agir, et donc de travailler sur les manières de se remettre en question.

Pour mieux vous connaître, nous vous proposons de travailler sur votre schéma. Mais, tout d'abord, qu'est-ce qu'un « schéma » ? Le schéma est un sentiment fondé sur la perception que l'on a de situations anciennes qui sont stockées dans notre mémoire à long terme et qui se déclenchent automatiquement lorsque nous sommes dans une émotion identique à celle qui a provoqué le tableau initial. Le schéma est une représentation inflexible de la vision du monde, des autres et de soi, en fonction de ce que l'on a vécu pendant l'enfance et qui devient un postulat, lequel conduit et oriente complètement notre existence.

La plupart du temps, le schéma contribue à un traitement erroné de l'information.

Comme nous l'avons vu, chaque schéma dépend directement des expériences vécues dans l'enfance ; il est donc important de mieux comprendre son passé pour accéder à son mode de fonctionnement, et donc son comportement actuel.

Le schéma qui s'est construit pendant l'enfance et l'adolescence est souvent réactivé tout au long de la vie, ce qui le rend de plus en plus douloureux et inopérant. L'origine du schéma n'est pas toujours traumatique. Elle peut, dans certains cas, être secondaire à des expériences de vie très pénibles qui se sont répétées plusieurs fois.

Un schéma est très difficile à retravailler, car tout individu recherche les situations qui l'activent, même si ces dernières sont douloureuses. Celui qui a son schéma sait faire avec et s'organise en conséquence, de peur de trop souffrir s'il changeait ses automatismes.

Un schéma peut se manifester à différents niveaux de souffrance, en fonction de l'intensité de l'émotion qui l'a activé.

Suivant les auteurs, le nombre de schémas est variable. Nous avons tous plusieurs schémas qui s'entremêlent, mais il y en a toujours un qui est dominant. Jeffrey E. Young, qui est l'un des principaux représentants de ce courant aux États-Unis, en a décrit dix-huit. Nous envisagerons ceux qui nous paraissent le plus souvent sollicités dans le cadre du travail, à savoir les schémas :

- incompétence/échec ;
- vulnérabilité/danger ;
- perfectionnisme/exigences élevées ;
- assujettissement/dépendance ;
- abandon/carence affective ;
- exclusion/rejet ;
- culpabilisation ;
- manque d'estime de soi ;
- méfiance/injustice.

Comment déterminer son schéma principal ?

Nous vous proposons de vous munir d'un cahier et de donner une réponse par « vrai » ou « faux » à chacune des affirmations suivantes, ce qui vous permettra de définir facilement votre schéma originel.

Pendant votre enfance, vous considérez que :	Vrai	Faux
1. Vos proches n'étaient pas présents, parce qu'ils travaillaient beaucoup ou qu'ils avaient une vie relationnelle très développée.		
2. Vous aviez des difficultés scolaires.		
3. Vous aviez souvent peur d'être malade ou vos parents vous surprotégeaient, par peur que vous ne soyez contaminé.		
4. Vos proches jugeaient vos actions d'une manière négative.		
5. Vous n'aviez aucun signe d'affection de la part de vos proches.		
6. Vous n'étiez jamais reconnu, jamais encouragé.		
7. Vos parents se sont séparés dans la douleur et vous avez été utilisé comme un enfant objet pendant cette séparation.		
8. Vous n'osiez pas vous défendre car vous aviez peur des autres.		
9. Vous vous fixiez des objectifs difficiles à atteindre.		
10. Vous cherchiez l'approbation des autres.		
11. Vos parents vous mettaient constamment en garde contre les dangers qui pouvaient exister. On vous disait très souvent : « Attention ! »		
12. Personne ne s'occupait des problèmes que vous pouviez rencontrer.		
13. Vous étiez très souvent critiqué, parfois même méprisé.		
14. Vous laissiez les autres vous commander.		
15. Vous cherchiez toujours à faire plaisir à vos parents.		
16. Vous aviez souvent l'impression d'être inférieur aux autres.		
17. Vos proches ne vous félicitaient jamais dans vos réussites, c'était normal.		
18. Vous aviez toujours l'impression de déranger.		
19. Vous n'étiez jamais valorisé.		
20. Vous pensiez qu'on cherchait à vous blesser et à vous faire du mal.		
21. Vous aviez du mal à prendre des décisions.		
22. Vos parents dirigeaient votre vie sans vous laisser prendre aucune responsabilité.		
23. Vos proches ne montraient aucune émotion.		
24. Vos parents étaient brillants et vous aviez l'impression de ne pas arriver à leur faire plaisir.		

25. Vous avez vécu avec des personnes souvent malades.		
26. Vous faisiez souvent des crises d'anxiété.		
27. Vous aviez des parents très anxieux qui se faisaient continuellement du souci.		
28. Vous étiez toujours sous pression.		
29. Vous aviez cette sensation permanente de n'intéresser personne, ou que personne ne s'intéressait à vous.		
30. Vos parents ne vous confiaient aucune responsabilité, car ils pensaient que vous n'étiez pas capable de les assumer.		
31. Vous aviez souvent l'impression qu'on vous jugeait mal.		
32. Vos proches montraient une préférence pour vos frères et sœurs.		
33. Vous vouliez faire plus et mieux.		
34. Vos parents vous faisaient sentir que tous les problèmes qui pouvaient survenir étaient de votre faute.		
35. Vous aviez tendance à vous laisser abuser par peur des représailles.		
36. Vous aviez du mal à vous intégrer dans un groupe.		

Aujourd'hui :	**Vrai**	**Faux**
37. J'ai peur que les autres m'abandonnent.		
38. Je ne me sens pas à la hauteur et je ne me reconnais aucun don.		
39. Lorsqu'un projet n'aboutit pas, je pense que c'est de ma faute.		
40. Je ne m'aime pas.		
41. J'ai toujours peur de blesser l'autre.		
42. Je cherche, dans tous les cas, à atteindre la perfection.		
43. J'ai souvent l'impression qu'on préfère les autres.		
44. J'ai constamment mauvaise conscience.		
45. Je n'assume pas les échecs.		
46. Je ne suis jamais satisfait de ce que j'ai fait.		
47. J'ai très peur de finir seul.		
48. Je me sens différent des autres.		

49. Je ne me sens jamais ni valorisé ni reconnu.		
50. Je n'ose pas me défendre car j'ai peur des autres.		
51. J'ai tendance à me laisser faire de peur qu'on ne se venge.		
52. J'ai besoin d'être apprécié par les autres.		
53. J'ai du mal à me comparer à mes collègues.		
54. Lorsqu'on me propose une promotion, j'ai du mal à l'accepter par peur de ne pas y arriver.		
55. J'ai du mal à accepter les responsabilités par peur de ne pas les assumer.		
56. J'ai la sensation de moins bien faire que les autres.		
57. Je fuis la plupart des conflits.		
58. Je n'accepte pas la moindre erreur pour moi-même comme pour les autres.		
59. Je crains continuellement de déranger les autres.		
60. J'ai généralement peur qu'il m'arrive un problème que je ne pourrai pas résoudre.		
61. Je ne prends aucun risque et je cherche en permanence à me sentir en sécurité.		
62. J'ai du mal à gérer la maladie ou les problèmes des gens qui m'entourent.		
63. Je suis constamment angoissé et je fais régulièrement des crises de panique.		
64. J'ai souvent honte de moi et je ne me reconnais aucune qualité.		
65. Je considère en permanence que ce que je fais n'est pas parfait.		
66. Je crains qu'il m'arrive une catastrophe ou que mes proches soient en danger.		
67. Je ne supporte pas que mes proches s'absentent, même pour une courte durée.		
68. J'ai tendance à me mettre à l'écart dans de nombreuses situations.		
69. Je cherche très souvent à faire plaisir pour qu'on m'apprécie et qu'on m'aime.		
70. Je crois souvent qu'on me ment, qu'on me manipule et qu'on cherche à m'exploiter.		
71. Je suis méfiant avec le sentiment qu'on m'en veut et qu'on s'efforce de me discréditer.		
72. Je n'ose pas m'intégrer dans un groupe, par crainte qu'on me rejette.		

Comment interpréter ces résultats ? Il vous suffit d'encercler dans le tableau ci-dessous les numéros des questions auxquelles vous avez noté « vrai ». Vous comptabilisez ensuite le nombre de réponses « vrai » dans la colonne de droite. Vous pourrez ainsi déterminer quel est votre schéma central et ceux que l'on pourrait appeler « satellites ».

La découverte de votre schéma principal va vous éclairer sur votre mode de fonctionnement ; vous allez mieux comprendre vos réactions et celles des autres, ce qui vous permettra d'accéder au bien-être au travail en approfondissant, et surtout en mettant en pratique, les méthodes exposées dans ce livre.

								Votre schéma	**Total des réponses « vrai »**
2	16	17	24	38	45	53	54	Incompétence/échec	
3	11	26	27	60	61	63	66	Vulnérabilité/danger	
9	15	28	33	42	46	58	65	Perfectionniste/exigences élevées	
10	14	21	22	41	52	57	69	Assujettissement/dépendance	
1	7	23	25	37	47	62	67	Abandon/carence affective	
5	18	29	36	43	48	68	72	Exclusion/rejet	
4	13	32	34	39	44	59	64	Culpabilisation	
6	12	19	30	40	49	55	56	Manque d'estime de soi	
8	20	31	35	50	51	70	71	Méfiance/injustice	

Chapitre 2

Le travail **et l'homme**

Bref historique du travail

Hier, on travaillait en famille pour survivre

Le concept de travail a beaucoup évolué ces dernières années. Avant la fin du XIXe siècle, l'être humain travaillait essentiellement pour vivre ; c'est grâce à la terre qu'il pouvait se nourrir, il vivait au rythme des saisons, ce qui représente les besoins primaires ou physiologiques, qui sont indispensables à tout être vivant pour survivre.

Les hommes résidaient à la campagne et vivaient de leurs terres. Toute la famille contribuait à la bonne marche de la micro-entreprise ; les femmes travaillaient dans les champs et les enfants donnaient un coup de main lorsque le travail l'exigeait. On allait au marché pour vendre ses produits, au besoin on vendait des bestiaux. Tout fonctionnait bien.

Puis, au cours des années, ces petites affaires familiales évoluent et deviennent de véritables exploitations agricoles. Le paysan est appelé « agriculteur ». Mais, pour être rentables et survivre à la concurrence, ces exploitations doivent se regrouper et former, alors, des structures importantes.

C'est après la Première Guerre mondiale, avec le développement de l'industrie, que les travailleurs abandonnent les campagnes et gagnent la ville et ses usines. Parallèlement, on voit croître le monde ouvrier, avec ses espoirs et, très vite, ses difficultés, qui va progressivement s'organiser, se défendre. On passe de la force terrienne à la force industrielle.

Pour réagir aux conditions de travail de plus en plus difficiles, les ouvriers se sont structurés avec la naissance, entre autres, des syndicats qui ont cherché avant tout à défendre les intérêts du monde ouvrier, tout en essayant de respecter les objectifs de l'entreprise qui doit produire, rentabiliser ses réalisations, pour gagner des marchés et ainsi, éventuellement, embaucher.

Les petites industries se sont mises en premier à grossir et ont attiré les enfants d'agriculteurs. Les grosses entreprises et les combinats, qui ont progressivement vu le jour, ont donné naissance à la situation actuelle du monde du travail.

Le monde industriel s'est peu à peu étendu, chacun pouvait transmettre son savoir et son savoir-faire aux plus jeunes afin de poursuivre la tradition de fabrication.

Dans les années 80, le monde de l'industrie commence son déclin en Europe où le secteur tertiaire se développe avec une population qui travaille dans des bureaux, des écoles, des administrations et toujours des commerces.

Aujourd'hui tout a changé

De nos jours, tout travailleur, pour être épanoui, doit se sentir :

- **reconnu ;**
- **utile ;**
- **participatif ;**
- **intégré ;**
- **impliqué ;**
- **responsable ;**
- **gratifié ;**
- **sécurisé.**

On se retrouve souvent face à des holdings où plus personne ne se connaît, où les rôles de chacun ne sont pas très clairement définis et où chaque individu ne retrouve pas ce qui est nécessaire à son équilibre, c'est-à-dire tout moyen bien déterminé qui permet d'assurer son autonomie financière, de participer à une organisation sociale, le tout avec l'espoir d'atteindre un épanouissement personnel.

Premier exercice à réaliser sur le cahier

Suis-je reconnu au travail ?

- Oui : donnez les raisons.
- Non : donnez les raisons.

Suis-je utile au travail ?

- Oui : citez les situations où vous avez été utile.
- Non : donnez les raisons qui vous font sentir peu utile.

Suis-je participatif ?

- Décrivez les situations où vous avez été participatif.
- Citez les situations où vous pensez ne pas avoir été participatif.

Continuez l'exercice avec les questions suivantes : est-ce que je me sens intégré, impliqué, responsable, gratifié et sécurisé ? Essayez de déterminer pourquoi vous vous êtes évalué positivement ou négativement. Il vous suffit, pour cela, de prendre votre cahier et de réaliser deux colonnes :

- une à gauche en vert pour les faits positifs ;
- une à droite en rouge pour les faits négatifs.

À l'issue de cet exercice, vous allez certainement prendre conscience des problèmes qui vous contrarient dans la bonne réalisation de votre travail. Il est important de les définir dès le début de notre collaboration pour trouver les bonnes solutions dans les chapitres suivants.

Chaque individu devrait travailler dans l'harmonie. Or, actuellement, le travailleur se sent souvent isolé et doit fréquemment faire face à des ordres contradictoires. Il doit travailler dans l'urgence, sous pression, assurer plus de travail qu'il ne peut en réaliser, avec cette sensation permanente, insupportable, de ne jamais être à jour. Il ne vit pas dans l'instant présent ; il est constamment dans l'anticipation, avec cette impression dévoratrice de prendre des risques.

Quelles sont les attentes d'un salarié ?

Tout salarié est, à la base, attaché à son travail qui devrait lui procurer de la satisfaction, de la valorisation et de la reconnaissance. Mais, aujourd'hui, le travail est plutôt une source de stress car son intensification contribue à ce que l'organisation soit perçue comme un endroit de contraintes, de recul personnel et d'insécurité pour chacun.

Il ne faut jamais oublier qu'en général un individu cherche à donner le meilleur de lui-même dans le but de réussir, avec l'espoir de réaliser parfaitement son travail. Mais il est le plus souvent impossible pour lui d'y accéder car de nombreux phénomènes parasites l'empêchent de donner le maximum de ses compétences :

- il reçoit des ordres souvent contradictoires ;
- il est dérangé en permanence par des collaborateurs, et cela d'autant plus facilement qu'aujourd'hui on travaille en *open space* ;
- il doit gérer des aléas qui réclament de s'adapter régulièrement à de nouvelles conditions de travail.

La hiérarchie demande de faire plus avec moins, dans l'urgence, et donc de prendre des risques. Cela déstabilise tout individu, le mène au doute et au mal-être. Si le travail, au départ, devait apporter la sécurité, aujourd'hui il nous met dans l'insécurité permanente. C'est là que se situe le problème majeur.

Le travail : une valeur sûre ?

Oui, si l'on considère qu'aujourd'hui il est difficile d'en trouver un et de le garder. Chacun d'entre nous vit dans l'angoisse de se retrouver au chômage, et de perdre ainsi son statut social, son autonomie financière et une grande part de son estime de soi, ce qui peut réveiller, par exemple, un schéma d'« exclusion » ou un schéma « échec ». C'est le grand problème actuel des jeunes qui ont du mal à s'intégrer par leur manque d'expérience, mais aussi par leur difficulté à mettre en adéquation la théorie de leurs formations professionnelles et la réalité du travail. Mais c'est aussi le problème des seniors qui se trouvent vite en difficulté devant le fossé qui existe entre leur éducation originelle et les travaux qu'on leur demande d'effectuer, lesquels sont bien souvent en contradiction avec leurs valeurs de base.

Pendant des siècles, l'homme a utilisé les produits de la terre pour vivre. Puis, à la fin du XIXe siècle, il a cherché à transformer les produits de la terre. On pourrait dire aujourd'hui que l'on assiste à la transformation robotique et virtuelle de toute structure, qu'elle soit industrielle, monétaire ou même humaine.

Le concept de travail a longtemps été considéré comme négatif. Il évoquait l'idée de contrainte, d'effort, de souffrance, d'exploitation, de rigueur, de règlements, de procédures, de routine, parfois même d'esclavage. C'est au début du XIXe siècle que la notion évolue, que l'on voit apparaître l'idée de bénéfice, de valorisation, de transformation, en quelque sorte une empreinte de l'homme.

Aujourd'hui le travail produit, rémunère, il valorise le citoyen. Il faut distinguer le travail en tant que valeur et le travail en tant qu'activité.

Le travail doit exercer sur l'homme un pouvoir d'attirance et la faculté de le conquérir est nécessaire pour qu'il soit attrayant.

Le travail est obligatoire à l'homme pour vivre, ce qui définit une notion d'échange. Mais, pour exister, il faut considérer la notion de socialisation, c'est-à-dire le fait de participer en tant qu'individu à une structure et d'avoir des objectifs précis.

Les principaux objectifs au travail

Tout citoyen recherche dans le travail un épanouissement personnel. L'objectif principal doit être un meilleur engagement de chacun. Cela permet d'améliorer les performances, et donc la rentabilité, ce qui devrait favoriser l'emploi et donc conforter le travailleur dans son statut professionnel.

L'objectif de toute entreprise est d'améliorer les conditions de travail de ses salariés pour augmenter sa rentabilité, et ainsi assurer de bonnes performances et des conditions positives de développement. Il faut, pour cela, respecter impérativement l'individu. C'est lui, la clé du succès, dans la mesure où il se sent motivé.

Toute entreprise doit investir dans le salarié en tant qu'individu, en respectant ses particularités, ses besoins, son originalité, sa force morale et son importance au sein de son groupe. C'est à ce prix qu'il va donner ce qu'il possède de plus précieux : son engagement dans l'entreprise.

Qui est le travailleur ?

Certes, l'homme doit être « utilisé » pour son savoir, puisqu'il sort de formation. Ses connaissances vont, par l'apprentissage et l'acquisition de procédures, permettre, grâce à leur application, d'obtenir des compétences, et donc de l'expérience.

Au départ, l'homme doit s'adapter au travail. Plus tard, il va y avoir une inversion des rôles et c'est le travail qui devra s'adapter à l'homme, puisqu'il trouvera en lui toute la richesse qui procurera la rentabilité et la pérennité de l'entreprise.

Le travail ne peut être une source de satisfaction que si l'on tient compte du temps libre ou d'autres activités comme :

- la famille ;
- la maison ;

- les loisirs ;
- les activités sportives ;
- les activités politiques ;
- les activités religieuses ;
- les activités syndicales.

Les bienfaits du travail

C'est le travail qui permet d'élaborer une société. Longtemps considéré comme une souffrance, il a permis une évolution formidable de la nature, il a su utiliser tous les trésors qu'elle nous offre pour les transformer dans le but d'améliorer nos conditions de vie et de permettre à chacun de s'épanouir. Mais il est nécessaire de le maîtriser, de le cadrer et de respecter l'environnement afin d'éviter des dérives qui ne peuvent être que néfastes.

Grâce au développement formatif, sociétal, culturel, religieux et philosophique, l'homme a su utiliser ses capacités innovatrices, qui ont permis une progression permanente de l'humanité. Ainsi, le profil du monde est en constante mutation ; chacun y contribue à une petite échelle, chacun doit se sentir responsable de cet évolutionnisme grâce à son travail quotidien.

C'est le travail qui permet d'obtenir un statut, lequel permet d'exister, de se comparer, de se réaliser, d'espérer, et donc de s'ennoblir. Mais c'est aussi le travail qui permet d'accéder aux richesses, et donc d'assurer les vivres, de réaliser des projets, de prévenir l'avenir dans une ambiance sécuritaire.

Le travail ne peut être enrichissant que s'il permet à l'homme de s'exprimer, de se libérer, d'être participatif. C'est une forme d'expression et d'identification de l'homme.

Les méfaits du travail

On demande aujourd'hui à chacun d'être flexible et adaptatif, ce qui rend le temps libre très aléatoire et finit par le restreindre de plus en plus, conduisant à une absurdité : on travaille beaucoup moins en nombre d'heures actuellement, et pourtant il ne reste que très peu de temps libre.

Le travail standard n'est plus d'actualité. Tout peut changer à chaque instant, sans prévenir, ce qui conduit à l'insécurité.

Travailler plus en moins de temps engendre inévitablement une incohérence du système. On constate l'apparition fréquente de pathologies déconcertantes comme :

- les troubles du sommeil ;
- les troubles digestifs ;
- les tendinites ;
- les troubles musculo-squelettiques ;
- la spasmophilie ;
- le malaise vagal ;
- les problèmes cutanés.

Les travailleurs sont de plus en plus démotivés. Ils travaillent en permanence sous pression avec cette peur constante de mal faire, de ne plus pouvoir assurer et qu'au moindre problème ils seront remplacés sans difficulté.

Si tout individu doit aujourd'hui travailler dans la compétition, la méfiance, la peur, la fatigue, ce modèle risque d'entraîner des contestations, voire des frustrations aux conséquences nuisibles pour son bien-être ; cela peut l'entraîner dans des actions contradictoires et incompatibles avec ses propres valeurs et activer son schéma « prédominant ». C'est là que commencent la baisse de l'estime de soi, la perte de confiance en soi, et donc la descente aux enfers.

Jadis, le travail s'accompagnait d'une fatigue physique, une usure de l'organisme par des gestes répétitifs. On assiste plutôt actuellement à une détérioration psychologique du salarié, qui ne trouve plus dans son ouvrage la reconnaissance qu'il est en droit d'attendre ; on ne remercie plus, on ne félicite plus, on ne reconnaît plus, tout est un dû, tout est normal. Il est, en revanche, de plus en plus fréquent d'observer, à tous les niveaux de la société, que toute remarque faite est généralement négative, peu constructive, accompagnée de reproches, alors qu'il est si simple de donner à l'autre l'envie de changer, ce qui lui permet de s'améliorer et donc de progresser.

Le changement ne s'opère jamais par des reproches ou des jugements défavorables, mais toujours par des encouragements et des suggestions bienveillantes, pertinentes et positives.

Le temps de travail

Le temps de travail annuel est passé d'environ trois mille heures à mille cinq cents heures en deux siècles.

Les rapports sociaux se créaient au travail. Les salariés prenaient le temps de discuter, d'échanger, d'améliorer leur tâche. À présent, ce n'est plus le cas, car si on travaille moins dans la durée, on travaille beaucoup plus en intensité, ce qui ne laisse plus de temps pour les échanges humains. Chacun se sent comme un pion traqué, une machine à produire qui ne sait même pas ce qu'elle produit, chacun se sent isolé et sous pression.

Le problème majeur reste celui de la répartition du temps de travail. On peut remarquer que le temps libre a bien augmenté ces dernières années, et cela est relativement vrai pour les classes ouvrières. Mais le véritable souci est le déplacement de la quantité de travail chez les classes qualifiées.

La grande déraison du système actuel est de vouloir concentrer la réalisation dans un minimum de temps, ce qui s'accompagne inexorablement de fatigue, de déceptions, de frustrations, avec, en toile de fond, ce sentiment ne pas avoir accompli correctement sa tâche.

Le travail est devenu une machine infernale, mal maîtrisée, qui s'emballe avec comme seul objectif celui de produire, de s'enrichir, d'assurer une rentabilité optimale, trop souvent aux dépens de celui qui travaille, qui œuvre pour faire fonctionner ce système, mais qui généralement ne profite pas des résultats. Ce système ne peut continuer d'exister que si tout le monde y trouve son compte ; toute récompense doit concerner chacun au prorata de son investissement personnel et des résultats obtenus.

Cette bombe potentielle qui s'accélère a tendance à s'autonomiser et à laisser ainsi sur le bord de la route de nombreux individus qui deviennent les chômeurs. Il y a donc ceux qui vivent dans cette spirale diabolique, et ceux qui en sont exclus.

Le travail et les générations

Le travail actuel repose sur une tranche d'âge qui est bien différente de celle d'autrefois : les 25-50 ans.

Les études, qui ne cessent de s'allonger, peut-être par peur de la vie active, reculent l'âge d'entrée en activité. Il ne nous reste seulement qu'une trentaine d'années pour construire notre statut social, acquérir les biens nécessaires à notre quotidien et prévoir l'avenir qui est de plus en plus incertain. Cette période est très courte puisque après 50 ans, le regard sur le travailleur change complètement et que le seul espoir de ce dernier est de pouvoir garder son poste jusqu'à la retraite.

C'est à présent la grande difficulté des 25-50 ans qui n'ont pas le temps de perdre du temps : tout va vite, tout va trop vite, tout va trop trop vite. Ils n'ont pas droit à la moindre erreur pendant cette courte période, au risque de voir leur avenir devenir anxiogène.

C'est certainement à l'entreprise de s'adapter à son salarié en respectant ses différences, ses aspirations, ses possibilités. C'est un travail difficile mais passionnant, qui peut permettre de rétablir une ambiance de travail que tout travailleur est en droit d'espérer. C'est le système gagnant-gagnant : l'entreprise aura des salariés motivés, investis, qui contribueront à sa compétitivité ; et le salarié se sentira utile, intégré dans un système qui a besoin de lui, donc reconnu.

C'est pourquoi il paraît essentiel :

- de donner le goût et l'envie du travail aux jeunes : les 16-25 ans ;
- de comprendre, de stimuler et d'encourager les 25-50 ans ;
- de respecter, en adaptant leur poste de travail, les 50-65 ans.

Nous savons tous que le travail est une denrée rare, qui est de ce fait recherchée et prisée. Lorsqu'on trouve du travail, on cherche coûte que coûte à le conserver, ce qui peut expliquer les tensions fréquentes au sein des équipes. On constate beaucoup moins de *turn-over* qu'il y a quelques années. Chacun redoute le licenciement économique, qui devient une véritable arme.

Les jeunes appréhendent leur entrée dans la vie active, ce qui peut se traduire par un allongement du temps de formation avec une qualification qui n'est pas forcément une aide pour trouver du travail.

Les seniors ont de grandes difficultés à garder leur emploi. Ils sont, avec les années, de moins en moins reconnus et s'accrochent désespérément à leur poste pour terminer leur carrière. Très souvent amers, frustrés et déçus, ils représentent une population à haut potentiel pour assurer le savoir-faire et le savoir-être, et les transmettre à la jeune génération qui arrive sur le marché. Quel dommage de ne pas en être plus conscient, car les jeunes employés sont très demandeurs de coachs pour leur permettre d'acquérir des procédures plus facilement, plus rapidement et ainsi gagner du temps, ce qui est toujours précieux.

Enfin, reste le problème des chômeurs qui risquent, à tout moment, de s'installer dans un système dévalorisant, lequel les écarte chaque jour un peu plus de la réalité, avec très vite une impossibilité réelle de reprendre toute activité. On considère qu'un individu qui ne reprend pas un travail après une coupure de plus de six mois aura toutes les difficultés à se réintégrer dans une structure professionnelle. Plus la coupure est longue, plus la reprise sera pénible.

Cet ouvrage vous aidera à respecter cette période de vie « active » qui est capitale puisqu'elle conditionne complètement les années futures. Il vous évitera de vous retrouver dans la tourmente de la soixantaine où toutes vos valeurs de base vont être chahutées par la prise de conscience que tout est passé très vite et que la charpente, à la fois professionnelle et surtout familiale, peut s'effondrer. Vous entrez dans la période insupportable des conflits de valeurs, qui résulte de la différence entre ce qui vous a été imposé dans l'enfance et la réalité du moment présent. Comment éviter ce danger imminent ? C'est ce que nous allons vous montrer dans les différents chapitres de ce livre.Pour que le travail soit épanouissant et surtout convenable, il faut accompagner le parcours de chacun en tenant compte de sa vie, de son âge, de ses facultés et de la pénibilité de son travail.

Des buts difficilement compatibles ?

Les objectifs de chacun peuvent paraître, de prime abord, difficilement conciliables. Pourtant, il faudrait peu de chose pour régler le problème du travail dans l'entreprise.

D'un côté, l'entreprise cherche en permanence à augmenter sa productivité, donc sa rentabilité, pour rester compétitive, et ainsi gagner de nouveaux marchés qui permettront de perfectionner les conditions de travail et de proposer un investissement salarial optimal.

De l'autre côté, se trouve le salarié qui s'efforce de s'investir, d'améliorer son œuvre, de participer et d'échanger avec les membres de son équipe, dans l'attente d'une reconnaissance, d'un remerciement, d'une gratification, qu'elle soit monétaire ou symbolique, ou, tout simplement, d'une considération.

Il paraît aujourd'hui nécessaire de s'intéresser au salarié en tant qu'individu, c'est-à-dire de faciliter le dialogue avec lui, de favoriser l'écoute empathique pour lui redonner l'envie de travailler, de l'investir au sein d'un projet précis et bien défini, de le motiver pour qu'il progresse dans ses réalisations. Tout cela en corrigeant cette pression permanente et ce manque de visibilité qui anéantissent toute progression sociale.

En résumé

Le travail est inéluctable, instrumental, sociétal, mesurable, parfois abstrait, mais autonomisant et existentialiste.

Nous rêvons tous un jour de ne pas travailler, surtout si nous sommes très occupés. Pourtant, la plupart de ceux qui ne travaillent plus désirent fortement réintégrer ce système qui les socialise et leur donne cette sensation d'utilité.

Alors, pourquoi ce contraste ? Probablement parce que le travail est mal organisé avec de gros manques, il est mal partagé, sa valeur est mal définie et, trop souvent, la notion même de travail évoque chez le salarié une sorte de désillusion. En revanche, chez celui qui n'a pas ou plus de travail, ce dernier évoque plutôt la réussite, la progression, la reconnaissance et le sentiment d'utilité. S'installe alors la nostalgie…

Le travail ne peut exister que par l'homme et l'homme ne peut exister que par le travail.

Nous avons considéré les différents problèmes organisationnels au travail. Nous allons maintenant considérer la personne. Toute notre étude va se fonder sur les conditions nécessaires pour être heureux à son travail. Il s'agit d'une étude épistémologique de l'individu en tant qu'acteur de sa vie carriériste.

Reportez-vous au schéma ci-après pour voir le trio gagnant : homme/travail/entreprise.

Le trio gagnant : homme/travail/entreprise

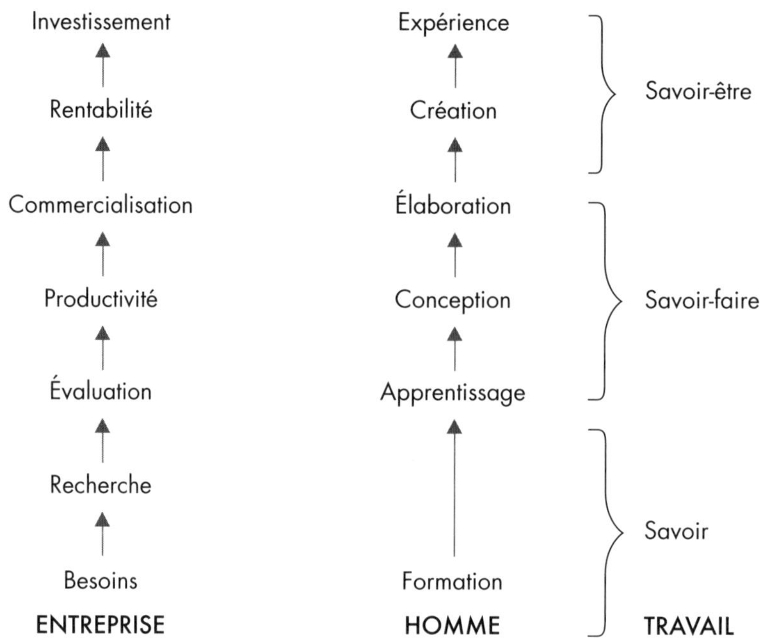

Chapitre 3

L'homme **et le travail**

Avant tout, l'estime de soi

Tout commence par l'estime de soi, qui consiste à être conscient de sa valeur personnelle, de sa valeur sociale et de sa valeur professionnelle. C'est en fait le jugement que nous portons sur nous-même et qui nous informe à chaque instant sur notre niveau de bien-être. Elle nous surveille en permanence pour nous guider et pour nous juger dans nos actions.

L'estime de soi a trait aux questions : « Qu'est-ce que je vaux ? Est-ce que je suis à la hauteur ? Est-ce que j'ai les moyens de… ? »

Ce jugement sur soi n'est possible qu'à travers le jugement que l'autre porte sur nous, puisque nous sommes constamment confrontés à cette impression d'être « examiné ». Ce préjugé que nous portons sur nous-même est souvent en relation avec celui qui a été instauré pendant notre enfance par les personnes qui nous ont servi de modèle.

C'est très tôt dans l'enfance que l'estime de soi prend naissance. C'est à cette période de la vie que l'enfant doit se sentir aimé, respecté et valorisé par ceux qui l'entourent, que ce soit ses parents, ses frères et sœurs, ses camarades de classe et ses enseignants. Si, pendant cette période cruciale, vous ne vous êtes pas senti suffisamment aimé, valorisé, respecté et bien entouré par les membres de votre famille, votre estime de soi risque d'être assez faible. Si, au cours de vos études, vous vous êtes senti rejeté par vos amis de classe, ou si vous n'avez pas été valorisé pendant votre cursus scolaire, alors votre estime de soi risque encore d'être basse.

Dès la naissance, il est indispensable de parler aux enfants, de leur expliquer les choses, de prêter attention à leurs problèmes, de leur montrer qu'on s'intéresse à eux, d'écouter leurs angoisses qui, souvent, les paralysent et traduisent déjà une fragilité qui ne fera que s'aggraver au cours des différentes étapes de la vie.

Un enfant doit être félicité lorsqu'il le mérite, encouragé lorsqu'il rencontre des problèmes, écouté lorsqu'il en manifeste le besoin ; tout cela permettra de nourrir son estime de soi.

Lorsqu'un enfant n'a jamais été félicité petit, il aura, plus tard, beaucoup de difficulté à recevoir un compliment : il n'y croira pas.

L'estime de soi va donc dépendre :

- du climat familial ;
- de l'ambiance ;
- de la culture ;
- du langage ;
- du mode de vie ;
- du sens donné aux relations avec les autres ;
- du rapport au pouvoir.

Les trois niveaux d'estime de soi

La faible estime de soi

Elle provient du fait que, pendant notre enfance, nous n'avons pas été assez reconnu, valorisé et écouté. Notre avis n'était jamais pris en compte, tout ce qu'on faisait était normal, il ne fallait pas faire de bruit. La faible estime de soi peut aussi être liée au fait que vous êtes né dans une famille qui ne se mettait jamais en avant et que vous avez imité ce schéma familial, ou encore que vous avez été très protégé pendant votre enfance, et ainsi vous n'avez jamais eu l'occasion de vous prendre en charge.

Les principales émotions qui accompagnent la faible estime de soi sont généralement :

- l'échec ;
- la peur ;
- le regret ;
- la frustration ;
- la vulnérabilité ;
- la gêne.

Le comportement qui en résultera sera souvent un comportement d'évitement.

Faible estime de soi

↓

Le doute ou la peur

↓

Comportement d'échec ou d'évitement

↓

Renforcement négatif

↓

Reproduction du problème

↓

Arrêt de l'action

La bonne estime de soi

Elle est en relation avec une enfance équilibrée. Vous avez été reconnu à votre valeur lorsque vous étiez enfant, vos parents vous ont renforcé dans vos succès, vous aviez d'excellentes relations avec vos camarades et vos enseignants, vos résultats scolaires étaient en relation avec le travail effectué. Vous avez donc tous les ingrédients pour vous juger d'une manière rationnelle et juste.

Les principales émotions qui vous traversent sont :

- l'équilibre ;
- le plaisir ;
- le bonheur.

Le comportement qui en résultera tendra vers la créativité, l'efficacité, et donc l'action.

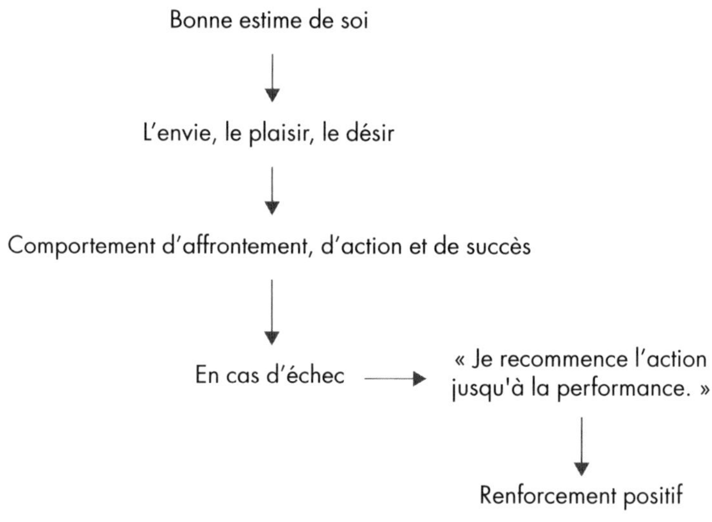

La haute estime de soi

Elle est souvent la conséquence de parents qui sont déjà dans ce type de schéma. On se croit tout permis, on ne respecte pas l'autre, on cherche à l'écraser, on ne supporte aucune limite. Mais il peut s'agir aussi d'une réaction par rapport à des parents que vous trouviez peu affirmés, qui n'exprimaient jamais d'émotions.

Les principales émotions rattachées à une haute estime de soi sont généralement :

- la colère ;
- l'orgueil ;
- le dégoût ;
- le mépris.

Le comportement qui en résultera sera un comportement de rejet, de manipulation et de déni de la réalité.

Haute estime de soi

↓

La colère, le mépris

↓

Comportement violent, dominateur, manipulateur

↓

Risque de conflit et de rejet

En définitive, qu'est-ce que l'estime de soi ?

L'estime de soi est capitale car elle représente le regard que l'on porte sur soi. Très souvent, ce regard est négatif et conduit à une faible estime de soi, ce qui entraîne des souffrances et des désagréments qui vont gêner le bon déroulement de notre vie. Une faible estime de soi va nous freiner dans nos actions. Elle va nous empêcher d'avancer, de créer ; le rapport avec autrui sera plus difficile, voire impossible, ce qui va nous mener à un comportement fermé ou d'évitement avec une tendance à se replier sur soi.

L'estime de soi va nous suivre tout au long de notre vie. Si elle est basse, elle nous rendra fragile et donc faible, et nous aurons toutes les difficultés à bien gérer notre vie. Tout le travail à réaliser est d'en prendre conscience dès que possible pour pouvoir apporter tout ce qui n'a pas été fait au moment opportun, c'est-à-dire l'alimenter, et donc la rendre efficace pour retrouver sa dignité.

Cette auto-observation est importante, car elle permet à chaque instant de s'expertiser, s'évaluer, s'analyser, se juger, se corriger, ce qui aidera à changer, s'adapter, comprendre, et ainsi s'améliorer.

L'estime de soi, c'est ce qui nous permet de nous faire respecter, condition nécessaire pour avoir de bons rapports avec les autres.

L'estime de soi façonne notre personnalité. Sans elle, nous risquons de ne pas exister, de ne pas avoir confiance en nous, de ne pas pouvoir nous affirmer, et donc de devenir comme tout le monde. Si elle est trop basse, elle nous rend fragile car très influençable par les autres, et surtout manipulable dans une société toute-puissante où l'on ne considère que la rentabilité.

L'estime de soi est en quelque sorte un coffre-fort où l'on possède toute notre richesse affective, mentale, personnelle, où l'on doit retrouver tout ce dont on a besoin pour se positionner, se défendre, s'affirmer, se plaire pour pouvoir exister face à soi, mais aussi face aux autres. Pour accéder à ce coffre-fort, il faut bien sûr connaître son code d'accès. C'est ce que nous verrons un peu plus loin.

Une faible estime de soi peut entraîner une émotion comme le doute ou la peur, ce qui conduira à un comportement d'échec ou d'évitement qui risque de renforcer en négatif le problème, et ainsi de le reproduire indéfiniment lorsqu'il se représentera ; vous serez alors persuadé que vous n'êtes pas capable et vous n'aurez donc pas la force de recommencer. En réalité, vous baisserez les bras.

Marine, 30 ans, est caissière dans un hypermarché. Elle fait de son mieux pour être appréciée et travaille souvent plus que la normale pour s'assurer qu'elle a réalisé parfaitement son travail.

Elle a toujours peur de faire une erreur de caisse et vérifie très souvent ses comptes avant de partir le soir. Un jour, elle est convoquée par sa direction qui la félicite de son travail, de son honnêteté et lui propose de prendre en charge un nouveau poste de responsable d'une petite équipe.

Marine panique complètement, elle ne se sent pas capable d'assumer de telles responsabilités. Nous voyons bien qu'elle possède une faible estime de soi car elle a une mauvaise opinion d'elle-même, ce qui va ranimer son schéma « échec », et donc un comportement d'évitement. Marine a décidé de refuser ce poste. Ce choix pourrait lui être préjudiciable, car sa hiérarchie risque de porter un regard différent sur sa personnalité.

À l'inverse, une bonne estime de soi conduit à une émotion comme l'envie, le plaisir ou encore le désir, avec pour résultante un comportement d'affrontement, d'action et de succès, lequel va conforter le bon niveau d'estime de soi. Si bien que si le résultat est un échec, vous aurez l'envie de recommencer et ce, jusqu'à obtenir la performance désirée. Ce sera dans ce cas un renforcement positif.

Imaginez maintenant Marine dotée d'une bonne estime de soi. Si elle a une bonne opinion d'elle-même, elle se sentira valorisée par la proposition de sa direction, reconnue, estimée et elle aura donc un comportement d'action, c'est-à-dire qu'elle acceptera très probablement ce défi. Avec l'énergie produite par son succès, elle augmentera son niveau d'estime de soi et sera plus performante.

Les fondements de l'estime de soi

L'estime de soi repose sur une double évaluation : la valeur que je porte sur moi, la plus rationnelle possible, et la valeur que les autres portent sur moi.

Lorsqu'on porte un jugement positif sur moi, je me sens bien, prêt à réaliser, à avancer. L'émotion est ici le plaisir.

Lorsqu'on porte un jugement plus nuancé sur mes performances, j'ai deux solutions :

- si mon estime de soi est bonne, je change de stratégie et je progresse sans problème ;
- si mon estime de soi est faible, je capitule, je n'avance plus, je suis comme tétanisé et l'émotion qui apparaît est le plus souvent le doute.

C'est pendant l'enfance et l'adolescence que tout se met en place. Au début, c'est aux parents que l'enfant va se comparer, se juger. Puis, en grandissant, il va se juger par rapport à ses supérieurs hiérarchiques.

Tout petit, vous allez prendre un modèle pour apprendre, progresser, découvrir la vie. C'est la phase d'apprentissage. Vous allez rencontrer des succès et des déboires, et c'est la façon dont vous ressentirez ces désillusions qui consolidera ou non votre estime de soi. L'objectif étant de développer de nouvelles stratégies en cas d'échec, plutôt que de renoncer, c'est-à-dire de vous poser la question : « Comment pourrais-je faire autrement pour obtenir ce que je veux ? »

L'estime de soi : un véritable miroir de soi

Vous allez ainsi construire un modèle qui sera, en quelque sorte, un miroir auquel vous ferez en permanence référence tout au long de votre vie. Si ce miroir vous révèle une image positive, vous aurez confiance en vous, vous serez créatif, courageux et efficace. Si, au contraire, ce miroir vous renvoie une image négative, vous n'aurez pas confiance en vous, vous serez dans l'évitement et l'immobilisme. En fait, l'estime de soi correspond à l'image que vous avez de vous petit enfant, c'est le regard de votre « enfant intérieur ». C'est l'évaluation que vous portez sur vous, c'est la note que vous vous attribuez et qui va conditionner votre ressenti.

L'estime de soi : une véritable stratégie

Lorsque vous êtes en action, vous allez évaluer les stratégies que vous devez mettre en place pour la réaliser. Vous êtes parfaitement conscient que cela va vous demander un certain effort à la fois sur le plan cognitif et sur le plan émotionnel. Vous pourrez ainsi vous noter sur l'effort accompli et augmenter votre niveau d'estime de soi, si vous concluez que vous avez été performant dans votre action. Mais face à son propre jugement, il existe aussi celui des autres. Nous sommes tous prêts à accepter une critique, dans la mesure où elle est juste et, qu'ainsi, elle nous permet de corriger certaines erreurs qui ont pu être commises. Mais toute critique doit porter sur une action bien définie, sur un fait précis, jamais sur la personne, car vous risquez de la déstabiliser et de fragiliser alors son estime de soi.

Le manque d'estime de soi va nous conduire inexorablement au manque de confiance en soi, c'est-à-dire à un jugement très négatif de nos compétences personnelles. Ce manque de confiance en soi risque d'entraîner une gêne pour avancer ; de même, en ce qui concerne vos relations sociales, il va vous faire souffrir et créer de multiples perturbations au travail, à la maison et en société.

Le manque de confiance en soi se traduit le plus souvent par des réflexions comme : « Je ne suis pas capable de… Je ne vais pas y arriver. » C'est la peur qui domine et qui va concerner plusieurs domaines de la vie quotidienne.

> Benoît a été « chassé » par un bureau de recrutement pour prendre en charge un nouveau poste dans une entreprise concurrente. Or, les derniers entretiens qu'il a « subis » se sont révélés infructueux et il les a vécus comme un échec personnel. Cela a diminué son estime de soi, entraînant, avec le temps, une chute de confiance en lui. Ce nouvel entretien s'est aussi soldé par un échec, non pas lié à son manque de compétences, mais à son comportement qui n'a pas été, au moment précis, convaincant, assez performant et accrocheur.
>
> Si Benoît ne travaille pas sur sa confiance en lui, ces scénarios vont se reproduire, malgré ses compétences.

Il faut retenir de cet exemple que Benoît n'a pas été jugé sur son savoir-faire, mais sur son savoir-être.

Comment travailler sur l'estime de soi ?

Nous savons maintenant que l'estime de soi est le jugement que nous portons sur nous-mêmes. Alors, comment arriver à se juger avec objectivité ?

Conseil n° 1 : apprendre à s'aimer

Il est curieux de constater que la plupart d'entre nous ne s'aiment pas beaucoup. C'est probablement lié au fait que, pendant notre enfance, nous n'avons pas capté suffisamment les messages envoyés par nos proches, ou peut-être aussi que ces derniers n'ont pas su nous les adresser avec subtilité, si bien que, systématiquement, nous restons dans le doute, l'angoisse et l'insatisfaction qui sont souvent réactivés dans le travail au quotidien.

Pour s'aimer, il faut apprendre à reconnaître sa valeur personnelle. Il vous suffit, pour cela, de prendre votre cahier et de faire la liste de toutes les choses importantes que vous avez réussies ces dernières années.

Exercice

Vous allez chaque jour faire l'exercice suivant. Prenez une des situations inscrites sur votre cahier. Installez-vous confortablement dans un endroit calme et, en fermant les yeux, visualisez cette scène en la détaillant point par point. Vous noterez ensuite toutes les sensations agréables que vous avez ressenties au cours de cette expérience.

> Après quelques années d'études dans une école de commerce, un diplôme vous a été remis pour vous féliciter de tous les efforts que vous avez fournis pendant ces années de travail et pour vous informer qu'à cette date vous aviez les compétences requises pour chercher du travail.

Essayez de visualiser, en imagination, le jour où la direction de l'école vous a remis ce précieux papier.

Notez :

- toutes les paroles agréables que vous avez entendues ce jour-là :
  - « Avec toutes nos félicitations ! » ;
  - « Ce diplôme est bien mérité. » ;
  - « Nous sommes fiers de vous ! » ;
- toutes les émotions ressenties ce même jour :
  - la fierté ;
  - le bonheur ;
  - la reconnaissance ;
  - le plaisir ;
  - l'estime ;
  - la sécurité ;
- toutes les sensations corporelles que vous avez éprouvées :
  - de la chaleur intérieure ;
  - du relâchement ;
  - de l'apaisement ;
  - de la douceur.

Répétez cet exercice pour chacune des situations favorables que vous avez notées plus haut sur le cahier.

Lorsque vous serez en proie au découragement, à la déception ou encore à la révolte face à une situation qui vous paraît insurmontable, il vous suffira de refaire votre exercice d'imagerie mentale pour qu'aussitôt votre estime de soi remonte à des niveaux qui vous permettront d'assumer vos difficultés dans de bonnes conditions.

Conseil

Lorsque vous êtes dans l'embarras, ne vous laissez pas entraîner dans la spirale infernale. Réagissez et prenez du recul ! Recadrez-vous dans une situation où vous avez été performant, ce qui vous permettra de trouver la bonne solution au problème du moment. La plupart des gens se laissent aller à un état de résignation et de découragement qui empêche de déceler la clé qui permettra de résoudre l'énigme.

Conseil n° 2 : accepter ses faiblesses et ses échecs

Les échecs font partie de la vie et de l'action. Ils sont utiles pour avancer, pour progresser et ils vont ainsi permettre d'augmenter l'estime de soi.

On ne peut pas tout savoir. Alors, souvent, on fait semblant... Mais, très vite, on s'aperçoit que ça ne marche pas et on s'enfonce dans un sentiment d'infériorité qui peut nous mener à la fuite ; vous risquez ainsi de réactiver votre schéma « échec » qui vous conduira à l'immobilisme, voire à l'isolement. Alors, comment faire ?

Exercice

Sur votre cahier, considérez une situation que vous avez vécue comme un échec et posez-vous les questions suivantes :

- Comment aurais-je pu traiter la situation autrement ?
- Quel enseignement tirer de cette situation malheureuse ?
- Comment faire pour qu'une telle situation ne se reproduise plus jamais ?

Très vite, en réalisant ce type d'exercice, vous allez trouver les bonnes solutions qui rendront vos soucis profitables.

Conseil n° 3 : savoir se féliciter

Il est bien difficile de se féliciter, surtout lorsqu'on ne l'a pas été bien souvent. Ce procédé peut paraître ridicule. Pourtant, essayez-le, vous constaterez une nette amélioration de l'estime que vous vous portez.

Si vous attendez d'être approuvé par votre entourage professionnel, vous risquez de vous sentir frustré car l'entreprise d'aujourd'hui n'attend de vous que rentabilité, résultats, bénéfices... En effet, tout ce que vous ferez sera probablement considéré comme insuffisant par l'entreprise qui conditionne à consommer, à se distraire, à dépenser, voire gaspiller. Mais peut-elle aujourd'hui faire autrement, face à une concurrence qui se déchaîne en faisant abstraction de toute morale ?

Exercice

Vous sortez d'une réunion de travail où vous deviez présenter vos résultats qui étaient conformes à vos objectifs. Si vous considérez que votre hiérarchie n'a pas suffisamment encouragé vos résultats, c'est à vous de le faire et de vous congratuler en vous accordant un petit plaisir.

Ainsi, lorsque vous avez réalisé quelque chose qui est en harmonie et en conformité avec vos valeurs de base, il est normal de vous féliciter vous-même.

Conseil n° 4 : optimiser ses pensées intérieures pour les rendre performantes

Nos pensées intérieures sont si souvent négatives qu'elles nous inhibent. Elles proviennent de nos schémas profonds qui conditionnent notre comportement.

Exercice

Prenez votre cahier et notez toutes les pensées négatives que vous avez eues au cours de la journée. Ne soyez pas inquiet, vous en trouverez de très nombreuses, il suffit de les rechercher. Si vous rencontrez des difficultés, vous n'avez qu'à vous remémorer une situation pénible vécue dans la journée ; vous allez alors retrouver toutes ces pensées qui vous ont contrarié et souvent empêché d'agir.

Prenons un exemple. Vous travaillez sur un dossier difficile et vous n'avancez pas. Vous réalisez subitement que vous aurez des difficultés à le rendre à la date prévue. Vos pensées intérieures négatives peuvent être :

- « Je suis nul. »
- « Je ne suis pas fait pour ce poste. »
- « Je n'aime pas mon travail. »

Évaluez maintenant sur le cahier, en pourcentage, à combien vous croyez réellement à cette pensée :

- « Je suis nul » : j'y crois réellement à 5 %. « Effectivement, je ne suis pas nul dans le traitement de tous mes dossiers. »
- « Je ne suis pas fait pour ce poste » : croyance à 10 %. « Dans la plupart des cas, je me sens bien à ce poste. »
- « Je n'aime pas mon travail » : croyance à 20 %. « Il y a des moments où je ne suis pas en accord avec ma direction, mais c'est plutôt rare. »

Après cet exercice, remplacez votre pensée négative par une pensée plus positive qui correspond mieux à votre réalité :

- « Je suis nul » peut se transformer en : « Je rencontre quelques difficultés en ce moment sur ce dossier. Je le reprendrai plus tard, quand je serai plus reposé. »
- « Je ne suis pas fait pour ce poste » peut se transformer en : « Ce poste présente des complexités. Je vais tout mettre en œuvre pour les surmonter. »
- « Je n'aime pas mon travail » peut devenir : « Mon travail est pénible. Si je n'arrive pas à m'en sortir, je vais chercher autre chose. »

De l'estime de soi à la confiance en soi

Les conditions de l'estime de soi : de l'estime de soi à la confiance en soi

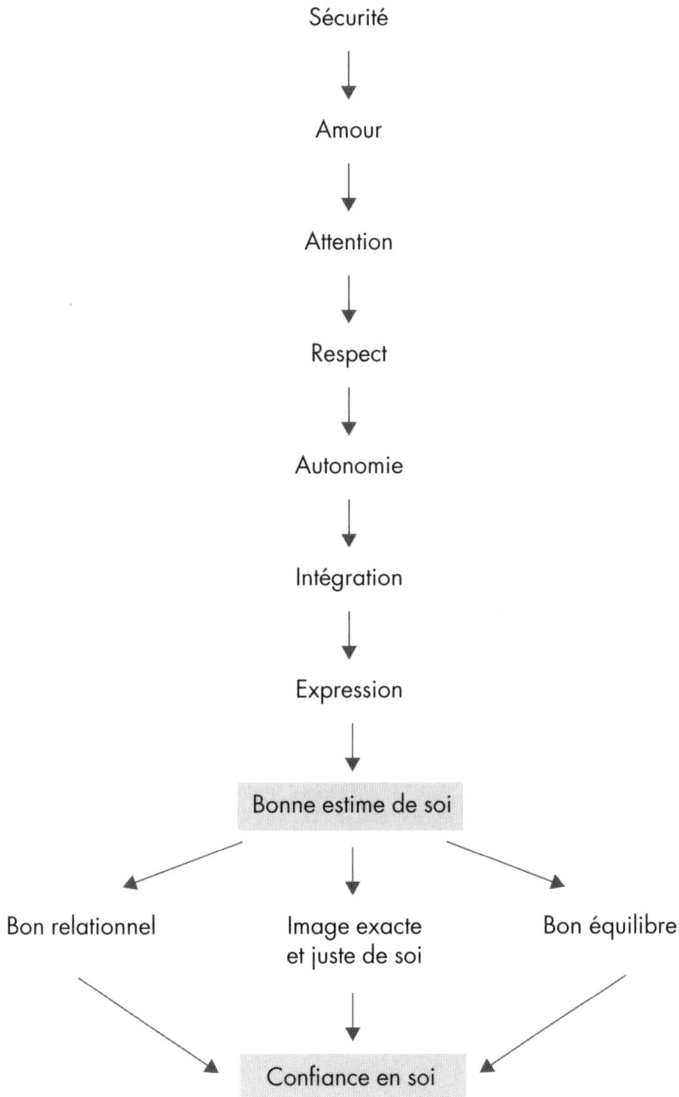

Qu'est-ce que la confiance en soi ?

La confiance en soi s'élabore dans le rapport aux autres, à la réalité et au désir.

Si vous aidez trop quelqu'un parce qu'il ne sait pas faire, vous allez créer les conditions pour qu'il n'ose pas. Si, au contraire, on exige trop de lui et qu'ainsi il se retrouve bien souvent en situation d'échec, il perdra confiance en lui, se renfermera et cherchera à éviter toute difficulté.

Le petit Julien veut attraper un verre d'eau situé sur la table de la cuisine. Puisqu'il a soif, il va mettre en route une procédure qui lui permettra d'obtenir ce verre. Si vous estimez que l'enfant n'est pas capable d'assumer son geste, vous allez :

- le lui interdire ;
- ou le mettre en garde d'une manière violente : « Attention, le verre va tomber ! » et ainsi déclencher, en lui, une peur et l'idée qu'il n'est pas capable de le faire. C'est à ce moment précis que la confiance en soi va être remise en question ;
- ou encore lui donner le verre et inhiber déjà la mise en route de ses propres compétences.

Si vous mettez en garde l'enfant d'une façon trop violente, vous allez immédiatement activer son schéma « danger ». Il va en déduire que la vie est dangereuse, surtout si à chaque nouvel essai vous reproduisez le même scénario.

Conseil

Attention, votre rôle doit toujours être celui d'une sorte de « coach » à l'égard de l'autre, c'est-à-dire que vous devez l'accompagner en lui expliquant les risques, en les évaluant avec lui et, surtout, en l'incitant à réaliser l'action sans prendre ces risques excessifs.

Si l'enfant renverse le verre, il est inutile de le gronder en criant, car vous renforcerez la situation d'une façon négative, c'est-à-dire que l'enfant, qui a déjà un doute sur ses capacités, se dira : « Finalement, je ne suis pas capable, je suis nul, je n'y arriverai jamais », qui sont des préjugés de manque de confiance en soi.

L'objectif est de faire découvrir à l'enfant les différentes possibilités de réaliser la tâche lui-même en prenant conscience qu'à chaque solution il peut exister des risques et qu'il faudra à chaque nouvelle situation évaluer ces risques grâce au « coach » qui, lui, les connaît déjà.

La confiance en soi est indispensable à l'action. Elle répond à la juste évaluation de vos compétences personnelles.

Elle correspond à vos capacités qui vous permettront d'avoir de l'expérience, laquelle est nécessaire pour entretenir votre confiance en soi.

Elle représente les fondements du savoir-faire.

Mais comment aider quelqu'un à prendre confiance en lui, si on n'a pas confiance en soi-même ? Telle est la véritable question. L'idée de cet ouvrage est de vous aider à améliorer votre confiance en vous par des moyens simples et efficaces.

Le manque de confiance en soi correspond à un jugement négatif de ses compétences personnelles. Ce manque de confiance en soi risque d'entraîner une gêne pour avancer et de nuire à vos relations sociales ; il va vous faire souffrir et créer des perturbations au travail, à la maison ou encore en société.

Le manque de confiance en soi fait se poser en général les questions : « Qu'est-ce que je vaux dans cette situation ? Suis-je capable ? » Il induit la peur d'être mal jugé, la peur de ne pas y arriver dans les différents domaines de la vie quotidienne.

La confiance en soi permet de prendre des risques : on ose, on se sent capable de réaliser de grands projets, on peut relever des défis, on persévère et, souvent, on réussit, ce qui renforce encore plus positivement cette même confiance.

C'est une sorte de fortifiant qui va nous permettre, grâce à une bonne estime de soi, de rentrer dans l'action. Pour travailler efficacement, nous devons avoir confiance en nous, sinon le doute va apparaître, ce qui représente un véritable frein à la possibilité d'agir. Pour avoir confiance en soi, il faut aussi avoir confiance dans les autres. C'est une condition nécessaire pour vivre en harmonie au sein d'un groupe. Si vous n'avez pas confiance en l'autre, la relation ne pourra pas s'établir ou sera de courte durée. Vous risquez alors de côtoyer la solitude.

Dans le cadre du travail, nous retrouvons bien cette notion, car toute perte de confiance en soi va entraîner une baisse des résultats, laquelle contribuera à vous rendre défaitiste. Vous vous retrouverez ainsi très vite dans un cercle vicieux négatif qui peut faire le lit de certaines maladies.

Par ailleurs, si je n'ai pas confiance en l'autre, il va s'installer un mauvais climat qui rendra la relation difficile et souvent angoissante. La confiance en soi doit être en permanence entretenue, renouvelée, valorisée. C'est en quelque sorte un véritable laissez-passer pour votre destin ; elle vous accompagnera tout au long de votre vie et vous fournira l'énergie nécessaire à la réalisation de tous vos projets.

D'où vient la confiance en soi ?

La confiance en soi se construit dans l'enfance et est souvent remise en question à la période de l'adolescence. Elle doit se renforcer pendant la vie active, puis elle se fragilise au moment de la vieillesse puisqu'il existe, à cette période de la vie, une baisse des capacités de mémorisation, des capacités physiques et des performances sexuelles.

En effet, la santé devient plus fragile après 50 ans. Les performances diminuent et les projets se raréfient, ce qui peut conduire à une chute de la confiance en soi, et donc à un risque de dépression. Cela est encore aggravé par le fait que, le plus souvent, on a tendance à comparer ses performances à des situations antérieures, à une activité reconnue et un statut social que l'on avait obtenu par sa propre confiance en soi.

La confiance en soi vient généralement d'« en haut », c'est-à-dire de ses parents, de ses enseignants ou de ses supérieurs hiérarchiques, d'où l'importance des relations avec les autres. Si vous avez confiance en vous, vous saurez vous défendre, mais aussi affronter les difficultés ; c'est ce qui renforce la confiance en soi. Grâce à la confiance, vous serez décideur, actif, efficace, reconnu et ainsi respecté, vous saurez affronter les échecs et les transformer en succès. Votre confiance en vous vous permettra de mettre toute votre énergie dans vos projets, de tenir compte de l'avis des autres, de ne pas toujours compter sur eux, d'affirmer votre point de vue et, dans tous les cas, de rester très attentif.

C'est souvent dans la difficulté que vous allez tester votre niveau de confiance en vous ; vous en sortirez soit vainqueur, soit vaincu, mais votre confiance se renforcera selon la manière dont vous aurez traité la difficulté.

Aujourd'hui, cette confiance est souvent mise à l'épreuve par les problèmes rencontrés dans la vie quotidienne, problèmes qui sont de plus en plus compliqués, où tout doit être réglé dans l'immédiat, généralement dans la précipitation, avec des priorités qui sont de plus en plus difficiles à définir, des objectifs flous, un manque d'information et des consignes parfois contradictoires.

Nous sommes dans une société où la concurrence est féroce. Il faut savoir se remettre en question dans l'urgence, définir de nouveaux objectifs, utiliser de nouvelles stratégies. Nous sommes en permanence en état d'alerte, nous testons et mettons à l'épreuve sans arrêt notre confiance en nous.

La confiance en soi permet de devenir autonome. Elle permet aussi de s'évaluer, et ainsi de s'adapter pour trouver de nouvelles pistes si cela est nécessaire.

Comment optimiser la confiance en soi ?

Conseil n° 1 : augmenter ses compétences

Il est important, pour augmenter la confiance en soi, de consolider son savoir-faire, car chacun d'entre nous a des aptitudes dans des domaines bien spécifiques qu'il convient de rechercher. Lorsqu'on manque de confiance en soi, on a l'impression de ne rien savoir faire. Et pourtant, on possède une richesse personnelle de talents qui ne demandent qu'à s'exprimer.

Exercice

Prenez votre cahier et inscrivez vos principales passions, qui vous procurent des émotions positives « vertes » comme le plaisir, la fierté ou encore l'estime de soi. Le sentiment de reconnaissance qui va apparaître à l'évocation de vos différentes passions va augmenter votre confiance en vous, et ainsi valoriser vos performances personnelles.

Vous allez perfectionner chacune de vos passions pour devenir un expert dans chacun de ces domaines, ce qui permettra de conforter votre confiance en vous et de l'utiliser dans le rapport avec les autres pour vous sécuriser.

Conseil n° 2 : se faire aider par son entourage

Il est fortement conseillé de s'entourer de personnes qui porteront un regard objectif sur vous, sans chercher à vous rabaisser systématiquement, ce qui risquerait de réactiver un schéma « échec ». Cette attitude bienveillante de votre entourage vous permettra de nourrir votre confiance en vous et d'augmenter vos performances qui contribueront à la renforcer.

Mais attention, on a toujours tendance à s'entourer de personnes qui agissent sur le même modèle que celui rencontré dans l'enfance, c'est-à-dire que si vous avez vécu, jeune, avec des personnes humiliantes, vous risquez de les retrouver dans votre entourage une fois adulte.

Alors, choisissez bien ceux qui peuvent vous aider !

Conseil n° 3 : agir

C'est véritablement le fondement de la confiance en soi. Si vous n'agissez pas, vous mettez en veille votre confiance en vous. Or, pour agir, nous savons qu'il faut l'activer, sinon nous nous installons dans l'hésitation, et donc dans l'oisiveté.

L'action permet d'acquérir de l'assurance, de la maîtrise et de l'optimisme, lesquels renforcent la confiance.

Pour consolider votre confiance, vous devez répéter les actions. C'est ainsi que vous consoliderez les bases qui vous donneront de l'expérience.

Exercice

Dressez sur votre cahier la liste de tout ce que vous souhaiteriez réaliser. Pour chaque action, définissez les moyens simples à mettre en œuvre pour y parvenir. Vous les trouverez détaillés en parcourant ce livre…

Posez-vous les bonnes questions !

Vous souhaitez rencontrer votre supérieur hiérarchique pour lui demander une augmentation :

- préparez minutieusement votre demande ;
- choisissez le bon moment pour faire votre demande ;
- soyez empathique ;
- soyez réaliste ;
- soyez patient ;
- soyez très précis dans votre formulation ;
- soyez déterminé.

C'est dans l'action que vous intensifierez votre confiance en vous au travail.

Conseil n° 4 : créer des objectifs pragmatiques

Il est indispensable d'évaluer vos objectifs pour qu'ils soient réalistes et réalisables. Trop souvent, vous vous fixez des objectifs que vous ne pourrez pas atteindre, croyant ainsi augmenter votre puissance, et donc améliorer vos résultats. Mais, comme ces objectifs sont initialement inaccessibles, vous allez vous retrouver dans une situation de frustration, d'échec, voire d'incompétence.

Exercice

Inscrivez tout simplement sur votre cahier vos différents objectifs et étudiez-les un par un, en déterminant :

- si vous avez les compétences nécessaires pour les atteindre ;
- les moyens indispensables pour les accomplir ;
- la motivation qui va de pair pour les réaliser.

Lorsqu'au travail, vos supérieurs hiérarchiques vous fixent des objectifs qui ne sont pas rationnels et réalisables, refaites cet exercice. Cela vous permettra de ne pas systématiquement les approuver, et donc les exécuter sans en avoir parlé d'une manière calme et réfléchie avec la direction. Ainsi, vous n'aurez pas cette impression de vous installer dans une situation de mécontentement et d'impuissance.

Il est donc nécessaire et vivement conseillé, avant d'accepter des objectifs, de déterminer avec rigueur leur faisabilité pour pouvoir vous réaliser en les accomplissant.

Voir schéma « Comment bien choisir sa voie au travail » dans le cahier central, p. I.

Chapitre 4

La puissance **du stress**

Une définition bien difficile et souvent floue

Qu'est-ce que le stress ? Le mot « stress » veut dire « tension, résistance ». C'est la capacité d'un métal à pouvoir se déformer, puis retrouver sa forme initiale. Il existe, dans cette approche, une notion de force que nous retrouverons plus tard dans la gestion du stress.

La meilleure définition du stress reste celle du Canadien Hans Selye : ***« Le stress est la réponse non spécifique que donne le corps à toute demande qui lui est faite[1]. »***

Il faut savoir que le stress fait partie intégrante de notre bon fonctionnement ; il est nécessaire à notre survie. Toute perturbation de notre environnement, qu'elle soit physique comme le froid, la faim, une infection, ou qu'elle soit d'ordre émotionnel comme la peur, la tristesse ou la colère, un entretien, ou un décès, va provoquer une réponse de notre corps qui a pour objectif d'assurer sa survie, tout en maintenant son équilibre intérieur.

Le stress est donc bénéfique, mais si les situations déclenchantes sont trop intenses, trop fréquentes ou les deux à la fois, alors les effets négatifs risquent d'apparaître. Et lorsque le stress devient dangereux, des maladies

1. Hans Selye, *Stress sans détresse*, Les Éditions La Presse, 1974.

peuvent survenir comme des troubles cardiaques, des dérèglements digestifs, des problèmes immunitaires, ou encore des perturbations psychiques.

Il est bien évident que nous n'avons pas tous la même fragilité au stress ; tout dépend de notre environnement, de notre passé et de notre biologie personnelle, comme nous le verrons plus loin.

Devant un danger, c'est le stress qui va assurer notre protection en nous indiquant des comportements adaptés. Le stress est notre allié, il nous donne toutes les possibilités et tous les moyens de nous sortir de situations de crise souvent dangereuses. Mais lorsqu'il est trop présent, il devient alors notre grand ennemi.

On pourrait imaginer qu'il existe dans notre cerveau une petite zone qui gère le danger, qu'elle s'active lorsqu'il y a une menace afin de nous donner les moyens : de fuir, d'affronter le risque, ou encore de nous défendre. Puis cette zone s'éteindrait une fois le danger maîtrisé, et il y aurait tout simplement un retour à la normale. Chez certaines personnes, cette zone reste en permanence activée, ce qui les conduit à un état de fatigue et d'épuisement, donc de stress.

Le stress devient pathologique lorsque nous sollicitons trop souvent et trop longtemps notre système nerveux, notre système immunitaire, nos hormones et notre psychisme.

Le stress sert à rétablir notre équilibre intérieur qui est rompu lors de stimulations externes.

Exercice

Êtes-vous stressé au travail ? Vous allez définir maintenant votre niveau de stress… Prenez votre cahier et donnez, pour chacune des pensées suivantes, une note de 1 à 4 :

- 1 point si la réponse est tout à fait fausse ;
- 2 points si la réponse est plutôt fausse ;

- 3 points si la réponse est plutôt vraie ;
- 4 points si la réponse est tout à fait vraie.

À vous de jouer !

1. Je me sens souvent tendu au travail.
2. Je ressens, au cours de la journée, des contractures musculaires.
3. Je me fais du souci pour l'avenir.
4. Si mon supérieur me fait une réflexion, j'ai l'impression que je vais être licencié.
5. Si on me fait une critique professionnelle, je la prends pour moi.
6. Je n'ose pas dire non.
7. J'ai du mal à me concentrer.
8. J'ai du mal à m'endormir et me réveille souvent la nuit.
9. Je me sens en permanence sous pression.
10. Dès que j'arrive le matin au travail, je suis angoissé.
11. J'ai des troubles digestifs lorsque je suis sous pression.
12. J'ai toujours l'impression que je n'y arriverai pas.
13. J'ai souvent des douleurs de tension au niveau des cervicales.
14. J'ai tendance à me renfermer sur moi-même.
15. J'ai du mal à prendre la parole en public.
16. J'ai souvent des idées tristes.
17. Le rapport avec les autres m'est de plus en plus difficile.

Si votre total est compris entre 17 et 34, votre niveau de stress est acceptable et vous pouvez travailler dans l'harmonie et le plaisir.

Si votre total est compris entre 34 et 51, vous vous situez déjà dans une zone à risque et vous devez bien travailler sur les exercices de ce livre.

Si votre total est supérieur à 51, vous êtes en état de surstress ; vous avez des pensées négatives, une mauvaise gestion de vos émotions et des difficultés de communication avec les autres. Attention aux problèmes de santé qui peuvent se manifester dans cette zone de stress élevé. Il vous sera alors conseillé de consulter votre médecin.

Les deux types de stress

Il existe deux formes de stress : le stress aigu et le stress chronique.

Le stress aigu

Lorsque nous sommes soumis à une agression, notre corps réagit et se met, comme nous le verrons plus loin, en réaction d'alarme. Il va essayer de s'adapter au traumatisme et de gérer au mieux la situation afin d'éviter le passage à la deuxième phase qui, elle, se traduira par une mise en tension et un risque d'attaques de panique.

Il faut aussi bien comprendre que n'importe quelle critique ou remarque peut être interprétée par celui qui la reçoit comme une agression, et ainsi laisser des séquelles qui pourront se réveiller beaucoup plus tard. Tout dépend du schéma de chacun ; chaque individu traite l'information en fonction de son histoire et utilise dans son cerveau certains filtres qui sont presque automatisés.

Le stress chronique

Il existe également les stresseurs chroniques. Ils sont liés à des situations répétitives, vécues comme pénibles, et correspondent à ce que nous vivons au quotidien. Ils nous mènent inexorablement à la phase d'épuisement.

De récents travaux, publiés par des chercheurs de San Diego, ont montré que des sujets atteints de stress chronique aggravaient le risque de développer la maladie d'Alzheimer par l'augmentation de la production et de l'accumulation d'agrégats de protéine tau, surtout au niveau de l'hippocampe qui est la région du cerveau impliquée dans l'organisation et le stockage des souvenirs.

Tableau des principaux « stresseurs »

Stresseurs d'ordre professionnel	Stresseurs d'ordre familial/social	Stresseurs d'ordre personnel
Mauvaise ambiance	Problèmes de logement	Accident
Surchage de travail	Bruit	Agression
Chômage	Conflits familiaux	Viol
Problèmes relationnels	Divorce	Traumatisme
Mutation	Séparation	Manque d'argent
Harcèlement	Décès	Solitude
Restructuration	Déménagement	
Transports	Problèmes de voisinage	
Pression au travail		
Décalage horaire		
Isolement		
Non-respect des valeurs		

Nous voyons bien, dans ce tableau, que les principaux stresseurs sont aujourd'hui liés au travail. Ce qui est regrettable, quand on sait que le travail devrait être un lieu d'épanouissement, de développement, d'intégration et de reconnaissance, ingrédients nécessaires à l'existence du salarié, et donc de la société.

Les trois phases du stress

Il est classique de décrire trois phases dans le stress.

La phase I ou réaction d'alarme

Lorsque nous sommes exposés à un stimulus soudain et important, notre organisme mobilise immédiatement ses forces de défense. C'est le thalamus qui informe l'amygdale et l'hippocampe. Et c'est la mise en route du système nerveux autonome avec la libération, par les glandes surrénales, d'adrénaline et de noradrénaline, qui a des effets positifs dans un premier temps.

Le corps s'informe avant d'agir.

La phase II ou stade de résistance

C'est la phase d'adaptation de l'organisme à l'agent stressant avec l'activation de l'axe hypothalamo-hypophyso-corticosurrénalien. Une libération de cortisol va augmenter le taux de glucose dans le sang, et ainsi permettre d'obtenir l'énergie nécessaire à la bonne action.

Le corps se prépare à agir.

La phase III ou stade d'épuisement

Lorsque l'organisme n'est plus en mesure de s'adapter, lorsqu'il y a une perte de contrôle, c'est l'épuisement. La personne n'est plus apte à faire face, les glucocorticoïdes sont alors sécrétés en grande quantité, ce qui épuise l'organisme dans un premier temps. Dans un second temps, on constate une chute du cortisol qui va rendre l'organisme vulnérable avec l'apparition possible de maladies et un probable déficit immunitaire.

Le corps n'a plus les moyens d'agir.

En résumé

- La phase d'alarme correspond à la mobilisation des forces de défense.
- La phase de résistance répond en s'adaptant au stresseur.
- La phase d'épuisement est atteinte quand la personne n'a plus les capacités de faire face.

Yllan doit passer son évaluation avec son supérieur hiérarchique, comme chaque fin d'année. Il stresse, comme d'habitude, il a peur d'être mal évalué, mal jugé, et donc dévalorisé.

Que se passe-t-il vraiment ? Lorsqu'il y a un danger, comme la peur d'être évalué, c'est notre cerveau limbique qui réagit en stimulant le système sympathique. L'adrénaline et la noradrénaline sont alors sécrétées par la glande médullo-surrénale, ce qui se traduit chez Yllan par :

- une accélération du rythme cardiaque ;
- une augmentation de sa pression artérielle ;
- une sensation de chaleur générale ;
- une sensation d'étouffement par dilatation des bronches ;
- des troubles digestifs avec des ballonnements et une tendance à la diarrhée.

C'est ce que l'on appelle les réactions physiologiques de l'organisme face à un danger imminent.

Le professeur de neurologie, neurosciences et psychologie à l'université de Californie du Sud Antonio Damasio parle de « marqueurs somatiques », qui sont les représentations extérieures d'une émotion en cours.

Ces réactions physiologiques sont extrêmement importantes puisqu'elles correspondent à une meilleure oxygénation du sang, du glucose est libéré par le foie pour augmenter l'énergie et l'irrigation des principaux organes s'accroît pour les rendre plus efficaces face à ce danger. Nous sommes ici dans la phase d'alarme qui prépare l'organisme à s'installer dans un état de concentration maximale, un état de vigilance qui optimise la performance décisionnelle.

Le stress d'Yllan est positif. Il va lui permettre de s'adapter et de produire l'énergie nécessaire face à une situation nouvelle qu'il sait difficile. Il est dans la période d'adaptation, tout son corps est prêt à l'action. Cette phase d'alarme est très courte, de l'ordre de quelques minutes.

Si tout se déroule bien, il y aura très vite un retour à la normale sans séquelles. Mais si Yllan reste dans une situation stressante pendant plusieurs jours ou quelques semaines parce que son évaluation s'est mal passée et que son supérieur hiérarchique le menace de le déclasser ou de le licencier, alors il va basculer dans la phase II du stress, ou phase de résistance : son axe hypothalamo-hypophyso-corticosurrénalien va s'activer, augmentant la sécrétion de cortisol sanguin, hormone stimulante sécrétée par la glande corticosurrénale qui mobilise les ressources de l'organisme et favorise, dans un premier temps, la plasticité cérébrale. Ces hormones, appelées « glucocorticoïdes », vont augmenter la production de sucre, nécessaire à l'énergie, et qui va assurer momentanément une bonne adaptation physique, psychologique et émotionnelle d'Yllan pour lui permettre de retrouver la force nécessaire face à cette menace qu'il doit transformer en challenge.

Nous sommes donc ici dans la phase de résistance du stress qui offre toutes les possibilités de s'adapter à une nouvelle situation pour la rendre bénéfique et positive.

Si, malgré tous ses efforts permanents, Yllan n'est pas récompensé mais licencié, et que ce licenciement s'accompagne d'un divorce qui dure et se passe dans la douleur, il entrera dans la phase III du stress, ou phase d'épuisement, laquelle correspond à une période de tension avec un taux de cortisol en permanence élevé qui devient dangereux puisqu'il contraint l'organisme à fonctionner en surrégime. Apparaissent alors des symptômes alarmants comme :

- tachycardie ;
- angoisses ;
- troubles du sommeil répétitifs ;
- troubles du comportement ;
- troubles de la mémoire ;
- troubles sexuels ;
- troubles du comportement alimentaire ;
- troubles musculo-squelettiques.

Nous entrons dans une phase de destruction avec ce risque de « *burn out* » qui inquiète tant les travailleurs en difficulté.

À force d'être stimulées en permanence, les glandes surrénales vont finir par s'épuiser avec, comme conséquence, une chute massive du cortisol et un risque de déficit immunitaire qui peut conduire à certaines maladies immunitaires. En effet, de nombreuses études récentes tentent de démontrer qu'il existe un lien étroit entre le système hypothalamo-hypophyso-corticosurrénalien et une diminution de la fonction des cellules T, donc une baisse des défenses immunitaires. Mais toutes ces études ne font que commencer et vont très probablement nous apporter des renseignements précieux dans les années à venir sur les relations entre systèmes nerveux, hormonal et immunitaire.

Chapitre 5

Le stress **au travail**

Le stress est-il utile ?

Pour bien travailler, il faut être stressé. Oui, mais comment ? Une question se pose souvent aujourd'hui : le stress peut-il réellement être utile au travail ? Bien sûr ! Non seulement il est utile, mais il est nécessaire, c'est un ingrédient de première qualité pour donner du bon goût à son travail.

Si nous considérons le travail dans son sens étymologique, il signifie « torture, souffrance ». Mais grâce à une bonne gestion du stress, notre travail peut devenir un réel plaisir, une source d'énergie qui nous permettra d'être efficace, dynamique, performant, reconnu, estimé et productif, ce qui est la finalité d'un bon travail.

L'intensité du stress va dépendre de notre état psychique. Le stress est souvent provoqué par un état de pression insupportable.

Pourquoi existe-t-il tant de pression au travail ?

Autrefois, il y avait certainement autant de difficultés qu'aujourd'hui, autant de peurs et de malheurs qui étaient déclenchés par les guerres, la pauvreté, les famines et les épidémies, et qui n'avaient, le plus souvent, aucune solution adaptée possible. Actuellement, le véritable problème est celui de l'individualisation, c'est-à-dire un certain détachement de la société qui conduit à cette sensation d'être seul pour faire face, de ne jamais se sentir soutenu, cette impression insupportable de devoir faire toujours plus, et plus vite.

Jadis, les difficultés permettaient aux individus de se retrouver, de s'entraider, de se rapprocher, de définir ensemble des stratégies adaptées. Aujourd'hui, c'est exactement l'inverse qui se produit. Si vous observez les grandes tragédies comme les tremblements de terre qui font plusieurs milliers de morts ou les cyclones qui dévastent des îles entières, il est facile de constater que, dans la difficulté, les individus ne sont plus dans la tolérance, la compréhension ou l'aide, mais dans la colère, l'incompréhension, l'abandon et la révolte, car rien n'est fait pour l'individu, mais tout est fait pour la société.

Dans l'entreprise, nous retrouvons la même erreur car l'individu est oublié. Il n'existe souvent même pas. On décide pour lui, sans lui demander ses aspirations. On constate toute une hiérarchie factuelle qui applique des protocoles, souvent déjà obsolètes au moment où ils sont appliqués.

C'est dans le milieu du travail que le stress est le plus présent et le plus difficile à gérer. Cependant, un fait reste surprenant : si l'organisation taylorienne du travail épuisait et surmenait les salariés par ses cadences infernales et son vide moral et intellectuel, n'importe quel expert du travail pensait que le secteur tertiaire de l'économie permettrait de diminuer la souffrance physique personnelle et d'améliorer la participation cérébrale au travail. Il n'en est rien, bien au contraire. Les salariés n'ont même plus le temps de partager des moments de convivialité, de boire ensemble un « petit noir » qui permet d'entretenir les bonnes relations. Aujourd'hui, le temps est compté. Il faut faire toujours plus en moins de temps, il n'est plus question d'aller converser et échanger avec son collègue ; les gens sont rivés à leur écran d'ordinateur ou leur machine, ou encore en attente permanente d'un appel sur leur portable qui reste branché 24 heures sur 24.

Donner un sens au travail

L'entreprise est aujourd'hui en détresse, elle n'arrive plus à faire fonctionner un groupe. On travaille dans l'urgence, donc aux frontières du danger. Les restructurations et les fusions sont permanentes avec les conséquences que l'on connaît, ce qui conduit le salarié à une angoisse terrifiante de peur du lendemain. Il se sent en permanence en compétition, alors qu'il n'a pas les armes pour se défendre.

Il est donc urgent de redéfinir le travail, de lui donner un sens, afin que chaque salarié retrouve sa place dans la structure professionnelle, dans une jungle où chacun travaille pour soi avec, souvent, l'intention de fragiliser l'autre. Pendant des décennies, le monde professionnel a fermé les yeux sur ce grand malaise qui existe au travail et qui alimente le stress. C'est en fait l'augmentation considérable des arrêts de travail et le nombre croissant de suicides sur les lieux de travail qui ont alarmé l'ensemble des différentes professions concernées. Peut-on vraiment donner la priorité à l'emploi et ignorer les problèmes de santé au travail ? Le résultat est clair aujourd'hui et se traduit par une baisse de la motivation de chacun. Est-il normal d'aller au travail le matin la peur au ventre ou avec une migraine ?

De nombreux salariés qui sont sous pression au travail éprouvent un sentiment d'abandon ; ils n'ont pas d'interlocuteur, ne se sentent pas écoutés, ils se considèrent comme négligés, on ne fait rien pour eux, on leur demande même parfois de réaliser des tâches qui sont contradictoires et ne sont pas en adéquation avec leurs propres valeurs. Ils ont cette terrible impression de ne pas faire leur travail correctement, et c'est ce sentiment qui contribue à leur désarroi, leur incompréhension ou leur peur, et qui les installe dans un stress permanent.

Que peuvent faire les entreprises ?

Certains individus aiment leur état de stress. Ils trouvent leur équilibre en étant stressés et considèrent que c'est grâce à lui qu'ils peuvent agir. Ce sont des personnages stratégiques qui savent utiliser leur stress pour être efficaces, mais comment font-ils ? C'est ce que nous allons voir ensemble en approchant la motivation.Les entreprises sont parfaitement conscientes de ces problèmes et font actuellement tout le nécessaire pour y remédier au plus vite. De nombreux questionnaires sont proposés aux salariés pour évaluer leur état de mal-être. On leur suggère même de consulter des assistantes sociales ou des kinésithérapeutes présents dans l'entreprise. Il existe aussi des observatoires de santé au travail. Toutes ces décisions et ces propositions montrent bien la bonne volonté de chacun. Mais il paraît beaucoup plus réaliste de proposer à tout individu qui se sent en difficulté un programme de gestion du stress qui lui permettra de retrouver son estime de soi, sa confiance en soi, sa dignité, sa motivation et une envie d'aller de l'avant.

Il ne faut jamais oublier que c'est la personne qui fait fonctionner le système. Si l'individu est motivé, il sera performant et productif. Si la motivation diminue, il deviendra indifférent, distant et rapidement dépressif. Alors, travaillons sur la motivation !

La motivation au travail

Le terme « motivation » fait son apparition dans les années 60. Il vient du mot « motif », lui-même emprunté au latin *motivus* (mobile) et *movere* (mouvoir). Il signifiait en ancien français « *qui met en mouvement* ».

La motivation est un sujet d'actualité qui ne laisse personne indifférent, qui a déjà fait couler beaucoup d'encre et est un véritable casse-tête pour les entreprises. Le véritable problème est, aujourd'hui, de savoir comment motiver ses équipes. On le voit tous les jours au travail, les employés ont perdu leur courage, leur envie, leur motivation. Ils partent le plus souvent le matin de chez eux angoissés, inquiets, sans enthousiasme, avec l'espoir de vite rentrer le soir à la maison.

La motivation au travail n'a heureusement pas complètement disparu ; c'est l'énergie qui l'entretient qui s'est modifiée et a évolué, avec les années et la situation économique actuelle.

Il est difficile de concevoir aujourd'hui de travailler sans motivation. Les entreprises, quelle que soit leur taille, recèlent un énorme potentiel d'énergie, d'idées, de créativité et de volonté de produire, mais on constate un gaspillage considérable lié à la notion de motivation elle-même.

Motiver un individu ou une équipe n'est pas chose facile, et diriger un salarié qui obéit n'est plus suffisant. La motivation au travail est un processus complexe, qui fait intervenir autant les dimensions personnelles que les caractéristiques de l'entreprise, mais aussi les différents éléments de l'environnement. Autrement dit, la motivation ne peut se mettre en route que s'il existe une interaction entre l'individu, son comportement et l'environnement.

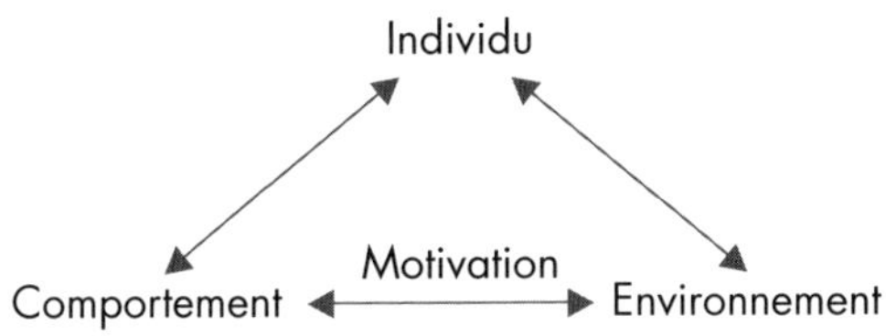

La plupart des managers sont parfaitement conscients que la motivation est primordiale dans l'art de diriger, mais il est souvent bien difficile pour eux d'en donner une définition claire et précise, et de la situer par rapport aux autres composantes qui déterminent le développement personnel. Les définitions actuelles sont nombreuses et comportent toutes des manques, mais toutes apportent des éléments essentiels qui nous permettront de mieux comprendre comment travailler avec un objectif.

La motivation est un processus dynamique qui implique le mouvement et qui change dans le temps. Il est bien évident qu'elle ne sera pas la même en début de carrière qu'en fin de carrière. La motivation nécessite l'implication d'un but.

Pour déclencher la motivation, il faut rendre au salarié le goût du travail, il faut qu'il y trouve un moyen de se faire plaisir, de se sentir reconnu, estimé et intégré dans un système auquel il appartient. Aujourd'hui, beaucoup trop de gens travaillent parce qu'ils y sont obligés, ce qui tue la motivation. Il faut rétablir l'envie de travailler. Le travail est devenu une habitude, une nécessité ; il faut le rendre plus attrayant, plus harmonieux et plus intelligible.

Comment ne pas citer les principales théories de la motivation, très nombreuses ? Que ce soit la théorie de la hiérarchisation des besoins d'Abraham Maslow, la théorie d'Alderfer, la théorie des deux facteurs de Herzberg, la théorie des besoins de réalisation de McClelland, la théorie de Vroom, ou encore la théorie de l'équité d'Adams qui sont les plus connues. Nous ne les développerons pas ici puisque de nombreux ouvrages traitent de ces différentes approches. Nous nous limiterons simplement à la théorie des besoins et des attentes, qui reste une approche simple et d'actualité.

La théorie des besoins

Elle considère que tout besoin déclenche un comportement adapté qui a pour but de satisfaire, de répondre et de faire disparaître ce besoin. Le besoin sera assouvi par un mécanisme qui engendre la motivation.

Nous retrouvons, ici, la très classique pyramide de Maslow qui développe deux idées principales.

1. Les besoins peuvent être hiérarchisés en cinq niveaux qui constituent la pyramide. En partant de la base puis en remontant jusqu'au sommet, nous distinguons :
    1. les plus élémentaires, les besoins physiologiques (faim, soif, désir sexuel) ;
    2. les besoins de sécurité matérielle ;
    3. les besoins sociaux (d'amitié, d'amour et d'appartenance) ;
    4. les besoins cognitifs (de considération, d'être reconnu) et les besoins esthétiques (besoin d'estime) ;
    5. les besoins spirituels ou de réalisation de soi (besoin d'adhésion à des valeurs au-delà de la personne).

La pyramide de Maslow

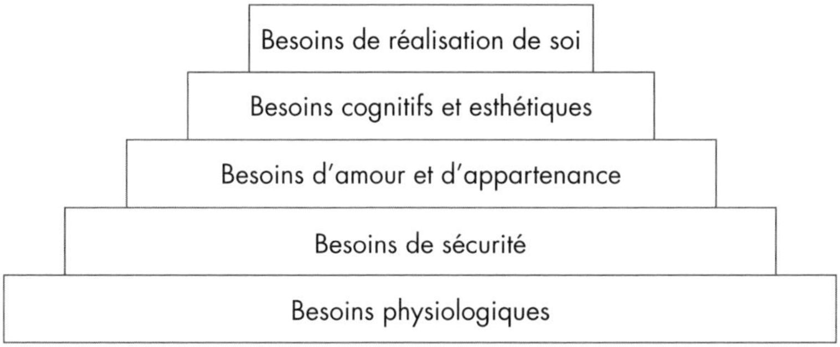

Cette pyramide nous permet de comprendre qu'il est inutile de responsabiliser ou de former des salariés qui sont insatisfaits par de mauvaises conditions de travail, qu'il est nécessaire de comprendre comment fonctionne chaque salarié et à quel niveau il se situe sur la pyramide pour lui permettre d'atteindre la réalisation de soi.

2. Tant qu'un besoin n'est pas satisfait, il reste source de motivation, lorsqu'il sera satisfait, c'est le besoin du niveau supérieur qui deviendra une nouvelle source de motivation.
   Cette pyramide reste une référence dans les théories de la motivation, en mettant en priorité le besoin de réalisation de soi. Cette théorie a été contestée plus tard par des psychologues qui ont proposé plutôt une approche de la motivation en mettant au centre un besoin d'accomplissement fondé sur la satisfaction personnelle et la reconnaissance sociale.

Dans les années 60, Herzberg met en évidence une nouvelle approche bien adaptée au travail avec :

- des facteurs d'ambiance qui sont à la base des bonnes relations humaines :
  - la politique de la structure de l'entreprise ;
  - la surveillance et les contrôles exercés par les supérieurs ;
  - les relations avec les dirigeants ;

- les conditions physiques de travail ;
- les relations avec les collègues de travail.
- des facteurs de motivation :
- l'avancement ;
- les responsabilités ;
- la nature du travail ;
- la reconnaissance des capacités ;
- la réalisation de soi.

- des facteurs qui ont trait à l'importance de la tâche et au contenu du travail lui-même :
  - l'autonomie de la tâche ;
  - la variété de la tâche ;
  - l'intérêt de la tâche ;
  - les informations soit opératoires, c'est-à-dire liées à l'exécution même de la tâche, soit optionnelles, c'est-à-dire liées aux relations autour de la tâche ;
  - le *feed-back* sur la tâche.
- des facteurs intrinsèques, présents en tout travailleur et indépendants d'un résultat extérieur ; et des facteurs extrinsèques qui, eux, sont liés à l'obtention d'un gain externe à la réalisation de la tâche.

La théorie des attentes

Cette théorie permet de mieux comprendre qu'il ne suffit pas de connaître les besoins d'un individu ; il faut l'aider à découvrir ses attentes qui seront à la base de sa propre motivation.

C'est donc à partir de ces attentes que l'on pourra élaborer des récompenses extrinsèques, comme une augmentation de salaire, et des récompenses intrinsèques, comme, par exemple, des encouragements, qui devront être en harmonie avec les attentes du salarié.

En créant des attentes à un niveau élevé, on peut contribuer à développer une réelle motivation durable dans le cadre de son travail. Mais attention de ne pas dépasser un seuil limite qui pourrait conduire à la démotivation ; les objectifs doivent toujours être réalisables et en accord avec le salarié.

Les psychologues parlent de « motivation intrinsèque » lorsque le comportement d'un individu est motivé par la curiosité, le désir d'apprendre, donc de progresser, l'envie d'évoluer et de se surpasser. Cette motivation repose sur le fait d'exercer une activité pour la satisfaction qu'elle comporte.

À l'inverse, on parle de « motivation extrinsèque » lorsque l'individu désire obtenir plus, c'est-à-dire une meilleure récompense, un diplôme, des éloges ou une promotion. Cette motivation repose sur le fait d'exercer une activité pour les avantages qu'elle peut fournir.

La « démotivation » apparaît lorsqu'une activité n'a plus de sens pour le salarié et que se produit une baisse d'estime de soi.

Après avoir accompli une action, l'individu compare ses résultats aux objectifs qu'il s'était lui-même fixés. Cela l'amène, suivant les cas :

- à arrêter l'action ;
- ou à la poursuivre ;
- ou encore à la modifier.

Dans cette approche cognitive, on considère souvent que l'unité de base n'est ni l'individu ni l'environnement, mais le couple individu-environnement, qui est uni par une relation dynamique : le comportement.

L'être humain cherche toujours à intervenir sur le monde qui l'entoure et il tire plaisir de ses interventions. Ce plaisir est à l'origine de la motivation dans son travail. Mais l'homme cherche aussi à intervenir sur son propre développement, notamment en créant un projet. Car, sans projet, il ne peut y avoir de motivation. La situation idéale, et donc motivante, est celle qui permet de conjuguer les deux : changer soi-même et agir sur le monde.

Le processus motivationnel pourrait se résumer par le schéma suivant :

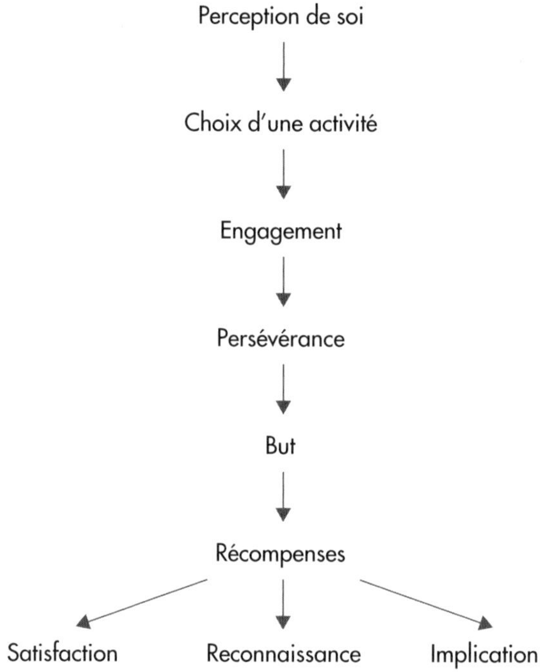

Si la motivation se trouve renforcée par la qualité des relations que le manager sait entretenir avec ses salariés, elle dépend aussi très fortement de l'organisation elle-même, de ses valeurs et de sa philosophie de fonctionnement.

La motivation au travail n'est pas uniquement un processus interactif entre plusieurs personnes. C'est surtout une multitude d'interactions entre des salariés et leur environnement.

Les étapes de la motivation

La motivation est un processus qui implique l'intention et l'action, l'individu et la situation, et qui se poursuit dans le temps. Le passage à l'action ou l'engagement dans l'acte nécessite un effort, mais il ne peut y avoir d'effort sans objectif précis à atteindre ni visualisation de ce qu'apportera l'objectif atteint.

Nous voyons déjà que les facteurs de motivation sont nombreux et souvent interdépendants.

Les influences personnelles et sociales : avant tout, l'image de soi

La motivation dépend étroitement de l'image de soi, c'est-à-dire des convictions que l'on a ou pas de posséder les connaissances pour réussir une tâche.

L'image de soi est la représentation que chacun se fait de ce qu'il est, de ses points forts, de ses aspects négatifs, de ses capacités, de ses goûts et de ses comportements possibles. Tous ces facteurs sont en corrélation avec l'estime de soi, qui remonte en grande partie à l'image que l'on nous a inculquée de nous-même dans l'enfance. Ils sont donc en étroite relation avec notre schéma principal et, du coup, réactivables à chaque instant. Ils peuvent être responsables d'un certain mal-être.

Il existe, par exemple, des salariés qui se pensent incapables de maîtriser un ordinateur, alors qu'ils pourraient très bien y arriver car ils savent utiliser des instruments beaucoup plus complexes. À l'opposé, il existe des salariés qui croient pouvoir réussir tout ce qu'ils entreprennent, alors que leur entourage met en doute leurs facultés de réussite, ce qui peut les conduire à des échecs non justifiés. Il est donc nécessaire d'encourager les personnes qui veulent entreprendre, en utilisant des arguments et un discours positifs. Cela leur permettra de déclencher les différentes phases d'apprentissage, et ainsi de provoquer un renforcement positif.

L'image de soi est bien trop souvent négative et représente, alors, un frein à la motivation. En fait, elle est généralement fonction de celle que vous renvoient les autres. Alors, attention aux critiques que nous faisons, en particulier à un enfant, car si elles ne sont pas justifiées, elles vont inexorablement ternir l'image qu'il a de lui-même, et cela le poursuivra dans la vie lorsqu'il sera face à des difficultés.

Il paraît difficile de concevoir la motivation sans but. Certains pensent même que le seul fait de fixer un but peut entraîner la motivation. Encore faut-il que ce but soit accepté par l'individu...

Il ne faut jamais oublier les buts sociaux, qui correspondent à la relation qu'un salarié établit, d'une part, avec sa hiérarchie et, d'autre part, avec ses collègues de travail. Ces buts permettent à chaque salarié de s'identifier aux autres, et ainsi de créer l'envie de se rendre au travail. Cependant, ils ne suffisent pas à motiver le salarié à s'engager dans une activité donnée et persévérer. Il faut donc qu'il ait aussi des buts professionnels, lesquels peuvent se subdiviser en :

- buts d'apprentissage. Ce sont ceux que l'on poursuit pour accomplir une activité définie, et ainsi acquérir des connaissances ;
- buts de performance. Ce sont ceux que l'on poursuit pour réussir une activité et obtenir, de la part des autres, estime, reconnaissance, récompense ou autres.

Il faut également que le salarié soit prospectif, c'est-à-dire capable de se projeter dans le futur. Cela lui permettra d'avoir une perception plus exacte de la valeur de l'activité.

Tout salarié qui n'a aucun but est à la recherche d'une satisfaction immédiate. Dans ce cas, le travail quotidien, qui demande de la persévérance et un engagement cognitif, sera peu attirant. Il est donc important que tout manager puisse aider à définir et encadrer les buts de chacun, mais aussi les renforcer afin de déclencher l'énergie qui permettra la mise en route de la motivation.

La nécessité d'avoir un but

Pour arriver à un but, il faut se fixer des objectifs possédant certains critères. Un objectif doit être :

- exprimé sous une forme affirmative ;
- applicable : tout objectif qui apparaît pour le salarié difficilement applicable crée chez lui des phénomènes négatifs qui le perturbent et

qui risquent de se traduire par de l'agressivité, de la passivité, de la culpabilité, du mensonge ou encore de la manipulation. Il peut même faire un rejet. À l'inverse, tout objectif qui paraît applicable, avec un effort correspondant à ses possibilités, et qui permet un dépassement à sa mesure, en quelque sorte un défi, provoquera chez cet individu de la joie, de l'énergie, de la créativité, une forte adhésion, et donc une forte motivation. Précisons que tout objectif trop facile conduira aux mêmes symptômes qu'un objectif trop difficile ;

- justifié : plus un objectif apparaît nécessaire à l'exécution d'une tâche et justifié par les impératifs de la formation et des méthodes professionnelles, plus l'adhésion est forte ;
- utile : pour travailler plus efficacement, l'objectif ne doit pas être incompatible avec les exigences du travail, mais cohérent et indispensable ;
- logique : tout objectif doit être logique et ne contenir aucune contradiction, sinon l'adhésion risque de disparaître ;
- précis : tout objectif doit se situer dans un contexte précis afin d'être sûr de se trouver sur la bonne voie ;
- éthique : nous savons que la motivation est un processus qui met en relation le salarié et le contexte professionnel, social et matériel dans lequel il se trouve. Étant donné que l'écologie est la science de l'environnement, vous pouvez vous demander si tous ceux qui vous entourent sont en accord avec votre objectif ; à défaut, vous pourriez imaginer qu'ils mettent tout en œuvre pour empêcher l'accession au but fixé. Quant au salarié, on peut se poser la question de savoir si une partie de lui-même ne risque pas de s'opposer à la réalisation de l'objectif, si ce dernier n'est pas en conformité avec ses valeurs ;
- maîtrisable : l'objectif, c'est la condition, doit dépendre directement de vous ;
- évaluable : ce qui permettra de comparer les buts fixés au départ avec les résultats obtenus.

La motivation est donc un processus complexe qui met en jeu le salarié et son supérieur hiérarchique. Il ne semble pas exister une motivation, mais plutôt des motivations qui prennent leur origine dans les perceptions et les attentes d'une personne à l'égard des événements qui lui arrivent.

Les facteurs de la motivation sont toujours nombreux. Elle n'est pas un état stable, mais un processus, très souvent remis en question. Elle se construit dans le temps et se renouvelle sans cesse, mais elle doit être régulièrement réactivée par des indicateurs pour pouvoir perdurer, et ainsi permettre d'arriver au but précis.

Dans le travail, pour que la motivation puisse fonctionner, il faut que certains facteurs coexistent constamment :

- avoir une image de soi positive ;
- avoir un ou plusieurs mobiles ;
- ressentir un besoin de réussite ;
- avoir des objectifs accessibles ;
- avoir des buts concrets ;
- obtenir une récompense jugée équitable ;
- être bien entouré ;
- avoir un leadership participant et incitatif.

Il est absolument nécessaire que tout manager soit non seulement un expert, mais aussi un spécialiste en motivation. C'est la base même pour un bon fonctionnement dans le travail de tous les jours. Mais il est important de toujours évoquer l'aspect éthique de la motivation, car cette dernière ne doit, en aucun cas, servir toute manipulation. Elle ne doit pas forcer le salarié à agir contre ses convictions et ses valeurs personnelles par de la désinformation ou par le fait d'être entraîné dans un système en marche. Elle doit, au contraire, être une aide à la créativité, à la curiosité et à la réalisation de soi en respectant toujours l'individu dans son intégrité.

La dynamique motivationnelle en entreprise

La plupart des chefs d'entreprise souhaitent avoir des salariés motivés. La motivation pourrait être perçue comme une qualité de base que certains auraient et d'autres pas. Elle passe par conséquent par l'individu, mais aussi par son environnement, et donc par des structures de coordination.

C'est souvent parce que le travail est inadapté, inintéressant, mal compris ou mal payé, que les salariés sont démotivés. C'est aussi parce que le travail n'est pas toujours bien défini – avec des objectifs flous, voire contradictoires –, ou parce que les méthodes stratégiques utilisées ne sont pas appropriées ou, enfin, parce qu'on ne leur laisse pas de responsabilités, que les salariés s'installent progressivement dans une situation de découragement.

On peut se poser la question : suffit-il de changer les méthodes pour que les salariés retrouvent le plaisir de travailler ? Les choses semblent beaucoup plus compliquées. De nombreux chercheurs se sont attelés à travailler sur ce thème qui leur pose de nombreux problèmes.

En fait, la motivation est liée à l'interaction entre un salarié et son supérieur, et il doit exister, de part et d'autre, des conditions précises pour qu'elle se mette en marche.

Il y a des jours où tout nous réussit. Au contraire, il y a aussi des journées où tout va de travers. Qu'est-ce qui a changé ? Pourquoi obtenez-vous tantôt des résultats catastrophiques et tantôt des résultats excellents ? Parce que nos états neurophysiologiques varient.

On peut distinguer deux types d'états :

- les états dynamisants : la confiance, l'amour, la force intérieure, l'extase, la conviction, qui permettent de capter toute l'énergie dont on dispose ;
- les états paralysants : le désarroi, la dépression, la panique, l'angoisse, la peine, la frustration, qui nous rendent impuissants.

Comprendre l'état dans lequel on se trouve, telle est la clé du changement et la voie de la motivation. La programmation neurolinguistique a permis d'approcher ce phénomène en expliquant que, lorsqu'un événement se produit, nous y réagissons en nous mettant dans un état particulier : qu'il soit fécond ou inhibitif, cet état semble nous être généralement imposé sans que nous puissions le modifier. Ceux qui réussissent sont ceux qui savent se mettre à volonté dans un état dit « dynamogène », c'est-à-dire un état qui installe dans une approche positive de la réalité.

Un état se compose de deux éléments principaux : nos représentations internes et notre physiologie. La représentation du monde et l'interprétation des situations créent l'état dans lequel on se trouve, et définissent donc le type de comportement que nous allons adopter. La condition physiologique – la tension musculaire, l'alimentation, la façon de respirer, la posture – a une influence sur notre état.

Nos représentations internes et notre physiologie fonctionnent ensemble selon une boucle cybernétique. Se mettre en état de motivation implique donc de transformer ses représentations internes et sa physiologie. C'est ce que nous verrons un peu plus loin dans les techniques de gestion du stress.

Le but principal de toute entreprise est d'essayer de rétablir une motivation forte et durable, à la fois intrinsèque, puisqu'elle concerne le cœur de l'individu, et extrinsèque, en le valorisant pour lui donner l'envie de continuer. C'est certainement à cet étage du processus motivationnel qu'on rencontre le plus gros problème, puisque la plupart des salariés se plaignent d'un manque de communication et surtout de reconnaissance. C'est à ce niveau que tous les efforts doivent être portés.

Pour rétablir cette forte motivation, il est capital de bien comprendre le fonctionnement et les attentes de chacun. Il est donc nécessaire :

- de communiquer ;
- d'écouter ;
- de comprendre ;
- et de proposer.

La plus grande difficulté actuelle est probablement liée au décalage qui existe entre, d'une part, la culture et les valeurs fondamentales de chaque salarié, et, d'autre part, la culture et les valeurs de référence de l'entreprise. C'est la conception même du travail qui doit être débattue et qui se trouve fragilisée par les nouvelles technologies et par la mondialisation, qui remettent du coup en question l'efficacité de la formation des salariés.

Un travail mal adapté aux aspirations de chacun, des informations de plus en plus difficiles à traiter, un rythme de travail qui ne cesse de s'accélérer, un manque de compréhension et un avenir qui s'annonce de plus en plus hasardeux et alarmant : voici réunis les facteurs sociétaux d'une crise de la motivation en entreprise.

Chapitre 6

Programme de **gestion du stress**

Le stress et la notion de temps

La gestion du temps est un facteur énorme de stress. Nous courons follement toute la journée, avec cette impression étouffante d'être toujours en retard, de ne pas avoir accompli correctement notre tâche. La journée devient un abîme, dont nous ne maîtrisons pas la profondeur.

La difficulté essentielle est certainement que, devant cette frénésie de la célérité, nous modifions en permanence nos comportements, et donc nos actions qui s'opposent, de plus en plus souvent, à nos valeurs fondamentales. Nous risquons, de ce fait, de transmettre cette effervescence à nos proches, lesquels ne sont pas forcément prêts à subir cet état impétueux.

Il est regrettable que le temps qui passe devienne aujourd'hui une inquiétude, une peur, un véritable désarroi. Il devrait nous donner des ailes et nous servir de guide. Au lieu de ça, le temps représente à présent un poids lourd qui nous paralyse sur place, et devient ainsi un ennemi déstructurant.

> **Conseil**
>
> Ne cherchez pas à vivre dans la précipitation pour obtenir une meilleure performance, elle vous mènera à l'épuisement.
>
> Recentrez-vous plutôt sur le raisonnement qui vous conduira à l'efficacité et à la continuité.

Pourquoi courir après le temps ?

Il n'y a rien de plus régulier, de plus uniforme et de plus harmonieux que le temps. Pourtant, aujourd'hui, chacun s'accorde à dire qu'il manque de temps. Les directions n'ont pas le temps de communiquer avec leurs employés qui se sentent souvent abandonnés à eux-mêmes. Les salariés manquent de temps pour réaliser correctement leur travail et cherchent toujours une réponse à la question : « Comment réaliser honnêtement son travail lorsqu'on est contraint à un délai de plus en plus court ? »

L'accélération du temps a conduit à l'émergence des high-tech, ces fameuses technologies qui devaient nous faire gagner du temps, mais qui sont devenues tellement chronophages qu'elles risquent de nous conduire à l'addiction.

Le temps qui passe entraîne des modifications structurelles, technologiques et professionnelles qui peuvent être déstabilisantes.

Il faut à tout prix rester maître de soi, s'adapter au temps, l'accepter et le rendre bénéfique.

Comment maîtriser le temps ?

Plusieurs méthodes efficaces vont vous permettre de travailler avec plaisir, de retrouver l'équilibre nécessaire à votre bon fonctionnement et l'épanouissement auquel vous avez droit. Mais n'oubliez jamais que, pour obtenir un résultat qui se maintienne, il faut appliquer ces méthodes régulièrement, sans relâchement.

La méthode de l'agenda

Elle consiste à mentionner, le soir, sur votre cahier, les différentes activités que vous devez réaliser le lendemain. Il est essentiel :

- de fixer des priorités ;
- de supprimer tout ce qui n'est pas utile ;
- d'établir des buts qui soient réalistes ;
- de prévoir les imprévus éventuels et les conséquences qu'ils peuvent entraîner ;
- d'organiser des alternatives au cas où l'imprévu se présente ;
- de savoir s'accorder des moments de pause pour recentrer et reprendre en main le déroulement de la journée. C'est un moyen efficace pour reprendre contact avec votre corps, l'éternel oublié, et lui apporter les éléments nécessaires à son bon fonctionnement, que ce soit la boisson, l'alimentation, le relâchement musculaire, le plaisir, sans oublier le passage obligatoire par la respiration.

Exercice

En fin de journée, dressez sur votre cahier toutes les activités que vous avez réalisées en maximisant tout ce que vous avez fait et en minimisant tout ce que vous n'avez pas fait – ce qui ne devrait poser aucun problème, puisque vous aviez, au départ, hiérarchisé les choses essentielles.

Ne jamais oublier de se féliciter soi-même pour toutes les choses accomplies. C'est important, valorisant et dynamisant.

La concentration

Il est fondamental de se concentrer sur son travail. C'est ce que les psychiatres appellent l'« ici et maintenant ». La plupart du temps, vous êtes constamment dérangé : par le téléphone, par vos e-mails auxquels il faut répondre dans l'urgence, ou encore par vos collègues qui ne cessent de vous prendre en otage en vous demandant des conseils ou des recommandations qu'ils comptent bien obtenir sur-le-champ.

Conseil

N'acceptez pas d'être importuné en permanence, faites-vous respecter. Proposez, selon les besoins, des créneaux horaires où vous pouvez vous rendre disponible. Enfin, osez fermer votre porte pour pouvoir vous concentrer sur votre travail. Vous éviterez ainsi une perte de temps insupportable qui perturbe votre rendement.

Pour passer une bonne journée au travail, une journée réussie et fructueuse, ne la transformez pas en journée « zapping » ! N'atomisez pas vos différentes occupations : focalisez votre attention sur l'instant présent.

Ne pas vouloir tout contrôler

Le fait de vouloir tout contrôler provient le plus souvent de l'enfance. On nous a appris à tout maîtriser, à ne pas faire confiance, à se méfier, à ne pas déléguer, ce qui nous incite à tout surveiller et vérifier.

À présent, il faut apprendre à s'adapter à un monde qui évolue avec précipitation et qui change à chaque instant. Ce pouvoir d'adaptation est primordial, puisqu'il va à l'encontre de cet hypercontrôle qui nous empêche de participer à ce changement permanent. Il faut donc être adaptable pour suivre raisonnablement le mouvement.

Ce besoin de tout contrôler correspond à des facteurs sociétaux. Jadis, c'était le temps qui régissait notre vie. On se levait avec le jour, on se couchait avec la nuit, il n'y avait pas besoin de réveil, notre rythme biologique était en parfaite harmonie avec le rythme temporel.

Aujourd'hui, le travail a perdu ses valeurs fondamentales et nous sommes dans un système compétitif que plus personne ne peut contrôler. Il faut faire un maximum de choses dans un minimum de temps, ce qui n'est pas en adéquation avec une bonne santé physique et morale.

Il faut arrêter de découper le temps, il faut le laisser s'écouler. Nous sommes toujours dans l'accélération, nous cherchons à rattraper le temps, nous nous essoufflons pour finir dans la frustration.

Le temps doit nous faire goûter le plaisir du moment présent. C'est ce que nous aspirons tous à faire, mais il nous manque bien souvent la méthodologie pour y arriver.

Conseil

Apprenez à :

- vous autoriser à ne pas tout faire le même jour ;
- hiérarchiser l'importance et l'urgence de chacune de vos activités ;
- vous autoriser à prendre du temps pour vous, pour retrouver votre intimité, pour recharger vos batteries et reposer ce corps qui est devenu un robot, une machine infernale ;
- ne pas être toujours dans la compétition ;
- ne pas rentabiliser systématiquement le temps. Rendez-le plus efficace, plus utile, plus vertueux.

Nombreux sont ceux qui travaillent en « remplissant » au maximum le temps pour ne pas rencontrer leur Moi. Ils sont dans l'évitement permanent, de peur de rencontrer le vide, c'est-à-dire l'ennui, synonyme pour eux, non pas de richesse, mais de chute dans le néant.

Ils refusent le plaisir et se réfugient dans l'hyperactivité, sans s'apercevoir que, petit à petit, ils créent le vide dont ils ont si peur. C'est ainsi que si ces hommes ou ces femmes se trouvent au chômage ou à la retraite, c'est-à-dire dans une période de leur vie qu'ils considèrent comme une situation de vide, leur personnalité va se fragiliser. Ils vont se sentir inutiles, ne seront pas prêts à rebondir pour utiliser ce temps libre, pour enrichir leur personne, pour s'orienter différemment vers une philosophie de vie qui leur permettrait de découvrir une méthode à laquelle ils n'ont jamais pu s'initialiser. Ils risquent, au contraire, de sombrer dans un précipice qui peut les conduire au « *burn out* ».

Conseil

Accordez-vous dans votre journée des moments de lâcher-prise. Laissez-vous aller à rêver, laissez aller votre imagination. Votre cerveau en a besoin pour se reconnecter, et c'est tout votre corps qui en bénéficiera.

Vivre l'instant présent

Pour immobiliser le temps, il faut se concentrer sur son intimité, sur son âme, c'est-à-dire sur ce qui vous rend unique. Comment faire ?

- Écoutez votre horloge interne.
- Savourez la pause-café où vous vous retrouvez face à vous-même. Devenez ainsi un observateur de la vie qui s'écoule à vos côtés : vous n'êtes plus un acteur, vous êtes un spectateur.
- Favorisez les arrêts momentanés d'activité : sachez couper votre portable et éteindre votre ordinateur.
- Instaurez la courte sieste.
- Travaillez sur le relâchement musculaire.
- Recentrez-vous sur la respiration.
- Laissez-vous aller à rêver et à vous promener dans votre imaginaire.
- Sachez méditer.

Conseil

Cultivez avec vos enfants des moments privilégiés et intimes pour développer chez eux cette faculté qu'ils ont à s'évader du réel, pour aller chercher cette nourriture spirituelle dont ils ont tant besoin et qui leur permet de reprendre contact avec la réalité sans créer et subir d'angoisses.

Comment débrancher le système, couper le contact et s'évader ?

Nous vous proposons trois méthodes faciles à utiliser et qui sont performantes.

Méthode n° 1 : construisez un petit écriteau sur lequel vous inscrivez une phrase d'un philosophe ou d'un écrivain qui représente la sagesse et la raison.

Choisissez celle qui correspond le mieux à vos valeurs. En cas de difficulté dans la journée, réappropriez-vous cette citation.

> *« Seules les choses qui dépendent de nous doivent nous préoccuper. »*
>
> Épictète
>
> *« Je ne me décourage pas, car chaque tentative infructueuse qu'on laisse derrière soi constitue un autre pas en avant. »*
>
> Thomas Edison
>
> *« Si un élément externe vous fait souffrir, votre douleur n'est pas causée par cet élément comme tel, mais par votre propre jugement de cet élément ; et vous avez le pouvoir d'annuler celui-ci à tout moment. »*
>
> Marc Aurèle
>
> *« Donnez-moi un levier assez long,*
>
> *Et un support assez lourd,*
>
> *Et je soulèverai le monde d'une seule main. »*
>
> Archimède
>
> *« Qui ne connaît pas le pouvoir des mots, ne peut connaître les hommes. »*
>
> Confucius
>
> *« Donnez-moi la beauté de l'âme, que l'extérieur et l'intérieur soient en harmonie. »*
>
> Socrate
>
> *« On ne fait rien d'extraordinaire sans des hommes extraordinaires et les hommes ne sont extraordinaires que s'ils sont déterminés à l'être. »*
>
> Charles de Gaulle

Méthode n° 2 : branchez-vous sur un projet personnel qui vous est cher, auquel vous tenez vraiment, et développez tous les détails qui sont nécessaires à sa bonne réalisation.

Méthode n° 3 : mettez-vous en relation intérieure par l'imagerie mentale avec la personne que vous aimez particulièrement et que vous portez dans votre cœur.

Ces trois outils vont vous permettre de vous désolidariser momentanément de ce que vous êtes en train de vivre, de désemballer le système, d'arrêter provisoirement le temps pour vivre l'instant présent et vous recaler sur votre Moi intérieur. C'est un excellent moyen de passer d'une émotion négative comme la colère, l'angoisse ou la tristesse, à une émotion positive comme le plaisir, la joie, l'amour ou l'espérance.

Ne pas céder au stress qui paralyse

Le stress peut être un formidable moteur de formule 1 lorsqu'il est bien géré et bien maîtrisé. Mais, trop souvent, il devient hostile et nous rend fragile, nous mène à un état de paralysie et d'immobilisme.

Voici quelques outils qui vous permettront de rester toujours attentif et vigilant, donc stratégique.

Le tableau avantages/inconvénients

Cette méthode, facile à utiliser, va vous permettre, dans tous les cas sensibles, de prendre la bonne décision, de faire le bon choix.

Exercice

Sur votre cahier, divisez une page en deux colonnes :

- la colonne de gauche correspond aux avantages, que vous reportez en vert ;
- la colonne de droite correspond aux inconvénients, qui vous rédigez en rouge.

Puis reprenez chacun des avantages et des inconvénients en les évaluant entre 0 et 100 %, en fonction de leur importance à vos yeux et de vos propres valeurs. Comptabilisez, pour finir, les totaux et choisissez le total (avantages ou inconvénients) le plus élevé.

Vous pouvez ainsi prendre une décision pertinente ou faire un choix réfléchi sans avoir de regrets *a posteriori*.

Benjamin, jeune cadre brillant de 35 ans, travaille dans un grand laboratoire pharmaceutique à Paris. Il est convoqué par sa direction, qui lui propose un nouveau poste comme directeur de sa filiale allemande à Francfort. On lui demande de donner sa réponse au plus tard dans quarante-huit heures. Il élabore alors le tableau suivant :

Avantages	Évaluation	Inconvénients	Évaluation
Promotion	80 %	Quitter ma famille	90 %
Salaire revalorisé	90 %	Déménager	90 %
Découvrir une autre équipe	50 %	Climat moins agréable	50 %
Apprendre de nouvelles techniques	70 %	Nécessité de m'acclimater à une nouvelle équipe	70 %
C'est un challenge	90 %	Nécessité d'améliorer mon allemand	50 %
C'est un atout pour mon avenir	80 %	Refuser le poste peut me porter préjudice	80 %
Parfaire mon allemand	60 %		
Savoir prendre des risques	70 %		
Total	**590 %**		**430 %**

Nous voyons, sur ce tableau, qu'après réflexion les avantages sont nettement supérieurs aux inconvénients. Benjamin peut maintenant faire son choix, ce sera le bon.

La technique de résolution de problèmes

Notre vie est une succession de problèmes à résoudre, qui nous font perdre beaucoup en temps et en efficacité.

Tout l'enjeu est de trouver la bonne solution au problème existant, de déceler la bonne stratégie qui permettra d'envisager la meilleure solution dans le meilleur délai et ce, en conservant un souci permanent de productivité et de rendement.

Pour commencer, il faut « alléger » l'émotion par une séance de relaxation rapide (voir plus loin, p. 98). C'est à cette condition que vous pourrez poursuivre cette procédure, qui comporte sept étapes, avec logique et rationalité.

Étape n° 1 : définir le problème

Quel est le problème ?
Quelles sont les circonstances de sa survenue ?
Depuis quand existe-t-il ?

Étape n° 2 : chercher des solutions

Soyez créatif, inventif, réalisez un véritable « *brainstorming* ». Recherchez toutes les hypothèses envisageables, même les plus originales, puis regroupez-les ensuite par thème.

Étape n° 3 : expertiser chacun des postulats

Vous évaluerez, chaque fois, les avantages et les inconvénients, les conséquences possibles des solutions envisagées. C'est une étape primordiale, qui nécessite de bien réfléchir et d'imaginer quel doit être votre investissement pour aboutir.

Étape n° 4 : faire un choix

Vous devez prendre une décision et faire un choix, en sachant qu'il n'existe pas de solution exemplaire. Vous devrez chercher la meilleure transaction possible.

Étape n° 5 : déterminer les moyens nécessaires pour mettre en action la décision et définir un planning précis pour sa bonne réalisation

Étape n° 6 : évaluer les résultats

Il est important d'évaluer vos résultats pour déterminer s'ils sont en adéquation avec vos objectifs de départ.

Étape n° 7 : se féliciter de son choix

En revanche, si les résultats ne sont pas conformes à vos attentes, il vous est vivement conseillé de recommencer cette procédure en ne considérant pas la situation comme un échec, mais comme un nouveau départ pour déterminer une autre solution.

Bruno, 42 ans, est ingénieur dans une entreprise automobile. On lui demande de revoir son contrat en y ajoutant une clause de non-concurrence de trois mois, lesquels s'ajoutent aux trois mois de préavis réglementaire.

Étape n° 1 : définir le problème

Signer une telle clause m'engage plus fortement avec l'entreprise et diminue mes chances de changer de société, dans une période où le travail est difficile.

Étape n° 2 : chercher des solutions

- Signer.
- Ne pas signer.
- Négocier.
- Me renseigner.

Étape n° 3 : expertiser chacun des postulats

Avantages et inconvénients de chacune des solutions.

1. Signer la nouvelle clause

Avantages :

- « Je suis bien considéré dans l'entreprise : on cherche à me garder. »
- « Je consolide mon poste. »
- « Je suis rassuré. »

Inconvénients :

- « Je m'engage formellement. »
- « Je diminue mes possibilités de départ chez la concurrence. »

2. Ne pas signer la nouvelle clause

Avantages :

- « Je garantis mon autonomie. »
- « Je garde une certaine flexibilité quant aux opportunités qui se présentent. »

Inconvénients :

- « Je risque d'être mal considéré. »
- « Je deviens instable au sein de l'entreprise. »

3. Négocier

Avantages :

- « J'essaie de garder une certaine liberté. »
- « J'essaie de conserver mon poste pour l'avenir. »

Inconvénient :

- « L'entreprise peut refuser. »

4. Me renseigner

Avantages :

- « De nouvelles idées peuvent émerger. »
- « Je me fais conseiller. »

Inconvénient :

- « Je suis orienté vers un mauvais choix. »

Étape n° 4 : faire un choix

Après avoir évalué les différentes possibilités, Bruno considère que, dans la situation actuelle, le meilleur choix à faire est de signer cette clause.

Étape n° 5 : déterminer les moyens nécessaires

Bruno contacte les RH et prend rendez-vous pour finaliser la nouvelle situation.

Étape n° 6 : évaluer les résultats

Bon compromis des deux parties : satisfaction bipartite.

Étape n° 7 : se féliciter de son choix

Bruno se félicite de son choix qui lui paraît le plus sage, compte tenu du contexte professionnel actuel et des difficultés pour retrouver un poste.

En résumé

- Ne pas prendre de décision est une faiblesse.
- Prendre une décision irréfléchie lorsqu'on est plongé dans l'émotion est une erreur.
- Prendre une décision délibérée est une position sage et sensée.

Le cercle de la résolution de problèmes

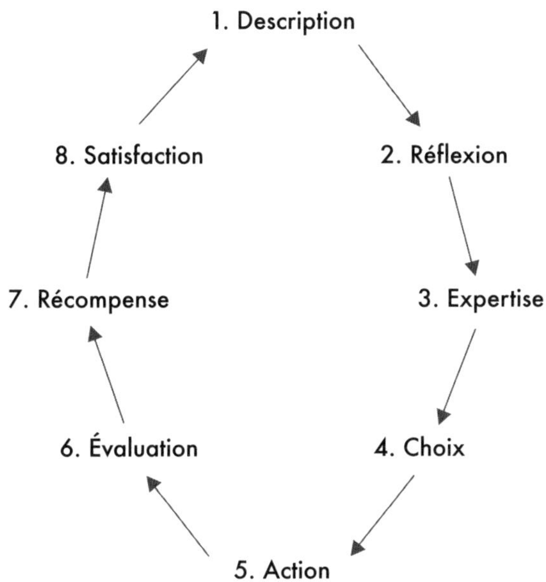

Les médicaments

D'une efficacité redoutable, ils deviennent rapidement votre principal ennemi, car le soulagement qu'ils procurent entraîne souvent leur utilisation de façon exagérée et prolongée. C'est le cas des benzodiazépines et surtout des antidépresseurs, comme les inhibiteurs sélectifs de la recapture de sérotonine ou IRS.

Ces médicaments ont un intérêt indiscutable dans l'urgence. Ils permettent de passer un cap, mais provoquent des effets secondaires et un risque important de dépendance. Les tranquillisants, beaucoup trop souvent employés, ont un effet délétère sur les procédures d'apprentissage et de mémorisation, ce qui est contraire à l'intérêt de la personne.

La relaxation

La relaxation est très utile, mais pour pouvoir l'utiliser efficacement, il faut la pratiquer régulièrement. C'est probablement l'une des méthodes les plus difficiles à appliquer, car lorsque nous sommes stressés, il nous est presque impossible de nous détacher de la situation en cause. Nos troubles physiologiques s'enchaînent pour aboutir à un état de mal-être dont on a beaucoup de difficulté à sortir.

Il est plus aisé de se relaxer quand tout va bien, lorsqu'on est calme, mais plus utile de le faire quand nous sommes dans une situation pénible.

La relaxation repose avant tout sur la respiration. Il est primordial de savoir respirer.

Comment bien respirer ?

1. Vous inspirez un peu d'air.
2. Vous bloquez la respiration en gonflant le ventre.
3. Vous comptez lentement jusqu'à cinq.
4. Vous expirez le plus lentement possible.

Le plus souvent, lorsqu'on est stressé, notre respiration s'accélère par l'activation du système nerveux sympathique, ce qui conduit à une impression d'étouffement. Il est donc nécessaire de ralentir la respiration. En période de stress, le rythme respiratoire est de l'ordre de dix cycles par minute. Il faut vous entraîner à le réduire de moitié, c'est-à-dire à le maintenir vers cinq cycles par minute pour obtenir un soulagement réel et rapide.

Exercice

Sur votre cahier, tracez un tableau de cinq colonnes :

- dans la première colonne, indiquez la situation déclenchante : « J'ai rendez-vous avec mon supérieur hiérarchique. »
- dans la deuxième colonne, décrivez l'émotion ressentie : la peur et l'angoisse, « J'ai mal au ventre. »
- dans la troisième colonne, notez l'intensité du stress avant la relaxation : 8/10.
- dans la quatrième colonne, précisez la durée de la relaxation : 3 minutes.
- dans la cinquième colonne, notez l'intensité du stress après la relaxation : 4/10.

En pratiquant régulièrement cet exercice, vous allez prendre conscience des bienfaits de la respiration. Vous arriverez, avec l'expérience, à l'automatiser pour retrouver le soulagement immédiat nécessaire au contrôle de la situation en cours.

Lorsque vous êtes face à une situation contrariante, centrez-vous sur votre respiration en la ralentissant. Cela vous conduira à un état de maîtrise de soi.

Le *training* autogène de Schultz

Cette méthode permet d'agir, à chaque instant, sur notre système nerveux autonome, lequel règle, comme nous l'avons vu, la majorité des fonctions automatiques de notre corps, telles la respiration, le rythme cardiaque ou encore la digestion.

Les contraintes de la vie quotidienne, le fait de ne pas exprimer ses émotions, la surcharge de travail, le trop-plein d'informations et le temps qui court de plus en plus vite retentissent sur notre corps, ce qui se traduit par une activation du système sympathique, et donc un ralentissement du système parasympathique. Le premier va induire une augmentation du rythme cardiaque, du tonus musculaire (pouvant entraîner l'apparition de crampes), de la circulation sanguine (sensation de bouffées de chaleur, transpiration et parfois même tremblements) et une hyperventilation. Très souvent, devant l'apparition de ce type de symptômes, l'individu va prendre de grandes bouffées d'air pour ressentir un soulagement immédiat. Mais, très vite, le système sympathique va s'activer et entraîner une sensation d'étouffement, ce qui affole complètement l'individu et peut conduire au déclenchement d'une crise d'angoisse de mort.

L'objectif du *training* autogène est d'activer le système parasympathique pour amener l'individu à pouvoir contrôler sa respiration, notant que :

Plus je respire lentement, plus je me calme.

Il est donc important, au sein de la journée, de se détendre quelques minutes, pour relâcher le système musculaire et ainsi récupérer, pour se sentir plus détendu. La pratique de cette méthode va vous permettre de vous décontracter, de retrouver cette impression de bien-être que l'on ressent lorsqu'on sort d'un bain chaud ou d'une sieste. Quelques exercices peuvent suffire pour vous aider à retrouver votre concentration, votre énergie, votre créativité et votre bonne humeur.

Lorsqu'une situation déclenche une forte émotion, l'intensité émotionnelle va grimper comme la fièvre sur un thermomètre. À partir d'un certain seuil, qui est propre à chaque individu, de nombreux symptômes vont se manifester, par l'accélération du système sympathique, et la situation va devenir de plus en plus difficile à gérer jusqu'à l'apparition possible d'une crise d'attaque de panique. Il est donc capital d'apprendre à solliciter le système parasympathique qui va permettre de désamorcer toutes ces manifestations désagréables, et ainsi reprendre le contrôle de la situation. Il est judicieux de ne pas chercher à faire disparaître ou refuser l'installation de l'émotion. Il faut plutôt apprendre à l'accueillir, la comprendre, la gérer et utiliser toutes les informations qu'elle peut procurer pour reprendre en main la situation initiale.

Le plus grand problème lié à l'émotion est que, lorsque le niveau émotionnel atteint un certain seuil, cela remet en question l'estime de soi et la confiance en soi.Or, si ces deux concepts ne fonctionnent pas en harmonie ou sont défectueux, la situation va se dégrader (voir chapitre 3).

Les exercices de *training* autogène sont très utiles dans la vie professionnelle car ils vous permettent d'améliorer vos capacités d'attention, d'assimilation, et ainsi de vous situer sans difficulté dans une position favorable pour la réussite de telle ou telle situation. Nous savons tous que le stress peut conduire à des tensions musculaires intolérables. La pratique régulière du *training* autogène va permettre de diminuer considérablement ces tensions et les angoisses qui s'y associent, déclenchant un cercle vicieux : « Plus je suis angoissé, plus je me contracte, plus je souffle et plus je me sens angoissé. »

Alors, comment faire ?

Il est vivement recommandé de s'installer dans un endroit calme, habillé de vêtements confortables pour être à l'aise. Les exercices se font les yeux fermés.

Pour obtenir un résultat complet et surtout durable, il faut vous engager à exécuter ces exercices très régulièrement et, si possible, deux ou trois fois par jour. Il peut être judicieux d'essayer de les réaliser à la place d'une courte sieste, ou le soir avant de s'endormir. Ils se font généralement en position allongée sur le dos, les bras le long du corps et les pieds légèrement écartés, la paume des mains tournée vers le plafond.

Le *training* autogène est fondé sur les notions de calme, de pesanteur et de chaleur.

Le calme

Exercice

Installez-vous dans un endroit calme, détendez-vous complètement et dites-vous :

« Mon corps est calme. »

Puis, progressivement, détachez-vous des bruits environnants et des pensées qui vous viennent à l'esprit en vous concentrant sur la respiration et en vous répétant mentalement, très lentement :

« Mon corps est très calme. »

Faites cela trois ou quatre fois de suite. Si vous percevez des bruits, acceptez-les sans vous énerver et laissez-les s'échapper. Si vous avez des pensées parasites, n'y prêtez aucune attention et n'essayez surtout pas de les chasser. Acceptez-les, laissez-les diminuer en intensité, elles vont disparaître. Puis revenez à votre phrase magique :

« Mon corps est calme. »

Réalisez cet exercice jusqu'à ce que votre corps soit réellement calme.

La pesanteur

L'objectif de l'exercice suivant est de se concentrer sur une partie de son corps, par exemple la main droite.

Exercice

Prenez conscience de la pesanteur qui s'installe dans votre main droite, puis dites-vous :

« Ma main droite est lourde. »

Continuez l'exercice en prenant conscience de la pesanteur qui s'établit dans tout votre bras et dites-vous :

« Mon bras droit est lourd. »

Restez un moment sur la pesanteur de votre bras, répétez-vous plusieurs fois : « Mon bras est lourd. » Vous allez constater que votre bras est de plus en plus lourd. Puis reprenez la formule :

« Mon corps est calme, mon bras est lourd. »

Refaites maintenant cet exercice en prenant conscience de la pesanteur dans chaque partie de votre corps : le bras gauche, la jambe droite, la jambe gauche. Vous allez ressentir une chaleur envahir tout votre corps, mais gardez la sensation de fraîcheur au niveau du front. Vous pouvez alors vous dire :

« Tout mon corps est lourd et mon front est frais. »

À la fin de cet exercice, vous pouvez formuler la situation ainsi :

« Mon corps est calme, mon corps est lourd
et mon front est frais. »

La chaleur

Exercice

Vous allez vous exercer à ressentir la chaleur en reprenant le même schéma que pour la pesanteur : « Ma main droite est chaude, mon bras droit est chaud, ma main gauche est chaude, mon bras gauche est chaud, ma jambe droite et ma jambe gauche sont chaudes, tout mon corps est chaud. »

Pour finir, concentrez-vous sur la séquence :

« Mon corps est calme – mon corps est lourd – mon corps
est chaud – mon front est frais. »

Les conséquences de cet enchaînement d'exercices vont se situer essentiellement à trois niveaux.

La respiration

Rapidement, vous allez pouvoir contrôler votre respiration.

Exercice

Observez votre cage thoracique qui se soulève à l'inspiration et qui s'abaisse à l'expiration, suivant un mouvement de va-et-vient parfaitement régulier. Imaginez l'air frais qui entre dans vos poumons et l'air chaud qui en ressort. Respirez le plus lentement possible, environ cinq cycles respiratoires par minute, comme si vous alliez vous endormir et reprenez la formule :

« Ma respiration est calme, très calme. »

Le rythme cardiaque

Le travail sur la pesanteur, la chaleur et le contrôle respiratoire va permettre d'améliorer le flux sanguin. Les vaisseaux vont se dilater et l'apport d'oxygène au niveau du cœur aungmenter, ce qui permet une meilleure irrigation du cœur dans le but d'assurer sa régulation.

Le stress provoque très souvent une accélération du rythme cardiaque, ce qui se traduit par des symptômes cliniques désagréables comme les bouffées de chaleur, la transpiration, parfois des maux de tête ou encore de la tachycardie.

Pour réguler la respiration, vous pouvez utiliser la méthode de l'hypoventilation.

Exercice

Videz vos poumons dans une grande expiration, puis prenez un petit peu d'air, juste la quantité nécessaire pour ne pas être en situation d'inconfort. Gardez cet air un court instant, expirez-le ensuite sans forcer et répétez cette manœuvre quelques minutes.

Pour finir, prenez votre pouls radial ; vous allez constater que les battements de votre cœur vont se ralentir au fur et à mesure de la manœuvre.

Vous pouvez maintenant vous dire :

« Mon cœur bat, calme et régulier. »

Le plexus solaire

C'est un réseau qui se situe à la base du sternum, un carrefour qui assure la régulation du système autonome. Son activation se traduit, la plupart du temps, par une accélération du fonctionnement des organes abdominaux comme les intestins, la vessie, la vésicule biliaire ou encore l'estomac.

Exercice

Placez votre main au niveau du creux de l'estomac. Sentez la chaleur apparaître, puis irradier dans tout votre corps. Prenez conscience de l'action salutaire de cette chaleur.

Vous pouvez maintenant vous dire :

« Mon ventre est chaud. »

Cet exercice de *training* autogène de Schultz est à réaliser régulièrement, si possible une fois par jour pendant 60 jours. Il deviendra ensuite un réflexe, une bonne habitude.

Conseil

Ne jamais oublier de terminer vos exercices par trois actions courtes qui vous permettront de reprendre contact doucement avec l'extérieur :

- étendez vos bras en serrant fort les poings trois fois ;
- respirez profondément deux fois ;
- enfin ouvrez les yeux.

De nombreux bâillements ou de petits vertiges peuvent apparaître à ce moment, ils signifient la bonne réussite de votre exercice. Relevez-vous très lentement pour éviter tout risque d'hypotension.

La désensibilisation systématique

Il s'agit d'une méthode mise au point par le psychologue américain Joseph Wolpe. Elle consiste à s'exposer à des situations anxiogènes en contrôlant son stress par la respiration et la relaxation.

L'objectif est d'apprendre à s'habituer à l'envahissement émotionnel qui survient dans une situation stressante et de maîtriser le comportement qui en résulte.

Elle est particulièrement efficace et utile dans les cas de troubles anxieux. Elle est délicate à réaliser en individuel. Il est alors conseillé de la pratiquer avec un thérapeute qui pourra vous apprendre à surmonter la crise.

Vous devez présenter votre bilan à votre société en public et vous n'avez pas l'habitude de le faire. Vous allez dresser la liste de vos peurs en commençant par la situation la plus facile, jusqu'à la situation la plus pénible :

- préparer mon bilan ;
- réviser mon bilan ;
- m'imaginer la veille de la présentation ;
- m'imaginer le matin de la présentation ;
- j'arrive sur le lieu ;
- je rentre dans la salle ;
- j'observe le public ;
- je commence mon discours ;
- j'imagine les différentes questions en fin de présentation.

Exercice

Installez-vous confortablement dans un endroit calme, en position allongée. Puis imaginez en détail chacune des scènes évoquées en commençant par la plus facile. À chaque fois que le niveau d'anxiété augmente, signalez-le, en soulevant par exemple un doigt : vous fermez alors la scène, vous vous concentrez sur votre relaxation et votre respiration jusqu'à ce que le niveau d'anxiété se situe aux environs de 3 sur une échelle de 0 à 10. Reprenez alors la scène et poursuivez ainsi jusqu'à ne plus ressentir d'anxiété. C'est à ce moment-là que vous pouvez passer à l'étape suivante.

Il est important, après cet exercice qui prend beaucoup de temps s'il est réalisé correctement, de vous confronter à votre plus grande peur. Dans l'exemple ci-dessus, il s'agira de donner des cours en public, ce qui vous permettra d'apprendre : à surmonter le trac, à bien structurer votre intervention, à animer un groupe et respecter le temps de parole, mais aussi à répondre aux questions du public, qui sont souvent déstabilisantes.

Nous voyons, à travers cet exercice, qu'il est essentiel d'affronter les situations embarrassantes, de ne pas chercher à les éviter. Cela renforce la confiance en soi.

Exercice

Sur votre cahier, pratiquez une désensibilisation dans les situations suivantes :

- le retour au travail le lundi matin ;
- la gestion d'un nouveau poste ;
- un entretien d'évaluation.

Mindfulness : la pratique de la pleine conscience

Il s'agit d'une méthode pour se libérer intérieurement, qui nécessite un travail sur soi et une forte volonté. Elle concerne la gestion des émotions, émotions qui nous habitent en permanence et dont le rôle principal est de nous permettre de nous adapter, communiquer et nous informer.

Cette approche de la pleine conscience doit impérativement être maîtrisée dans le cadre du travail, car elle permet à chacun de nous de se prendre en charge, de s'autonomiser, de prendre du recul et surtout d'accepter de vivre la situation telle qu'elle est, avec ses aspects agréables mais aussi désagréables, sans chercher à la refouler, voire la supprimer, comme nous faisons dans la plupart des cas.

Cette pratique de pleine conscience provient du bouddhisme. Elle a été particulièrement développée ces dernières années par Jon Kabat-Zinn, qui l'a mise en application dans un programme de réduction du stress dans les années 70. Ce programme repose sur la prise de conscience de sa propre expérience personnelle. L'objectif est de se concentrer sur l'expérience présente, de ne porter aucun jugement et d'accepter toutes les facettes de cette expérience en cours.

Il est primordial de se centrer sur l'expérience en faisant appel à tous les sens : visuel, auditif, sensitif, gustatif ou encore olfactif. Il faut savoir accepter les pensées qui viennent à nous, elles ne sont généralement que des interprétations personnelles, le plus souvent sans fondement et rendues automatisées par notre mode de fonctionnement.

Le plus difficile est le refus de porter un jugement, car c'est un réflexe que nous avons tous. Il n'est pas forcément possible de supprimer ces jugements, mais il vous est fortement conseillé de ne pas les laisser vous envahir car ils vont s'opposer à l'application de la méthode et vous entraîner dans une spirale négative, qui se répétera à l'infini dans les situations similaires. Le but est donc d'accepter les pensées, qu'elles soient rationnelles ou parasites, en sachant qu'elles ne sont que l'élaboration de notre intellect. Tout ce travail doit se réaliser, autant que faire se peut, dans une ambiance d'indulgence, de neutralité et de consentement.

Une situation-problème très négative risque de déclencher un « boom » émotionnel. Deux situations se présentent alors :

- l'émotion est trop violente et difficilement gérable : il va y avoir une tentative de suppression émotionnelle, c'est ce que l'on appelle un « évitement ». Il s'agit d'un évitement de l'expérience émotionnelle et du ressenti de l'émotion. Cela aboutit à un échec de la suppression : l'individu focalise alors son attention et passe en hypervigilance, ce qui risque de le mener à un état physiologique perturbé et de créer un renforcement négatif ;

- l'émotion est acceptable, gérable : le seuil dévastateur n'est pas atteint. Je ne cherche pas à la supprimer, j'accepte l'expérience émotionnelle comme une simple expérience, je reste dans une zone que je peux gérer et qui me permettra d'appliquer cette procédure de pleine conscience.

Les trois grands principes de la pleine conscience

Être attentif

à tout ce qui se passe dans l'instant présent

↓

Être neutre

Pas de jugement
Pas d'autocontrôle

↓

Être dans l'acceptation

« Je n'analyse pas la situation. »
« Je l'observe simplement. »
« J'accepte l'émotion. »

Le but essentiel de cette méthode est de développer un savoir par expérience, et non par connaissance, d'échanger avec les autres sur ce qu'ils ont vécu à travers cette pratique, de mettre en doute l'automatisme des pensées négatives qui se sont installées depuis fort longtemps sur de vieilles expériences de rumination, lesquelles sont souvent utilisées par habitude pour essayer de se protéger face à une inconnue qui déroute et inquiète. Il est donc utile de se débarrasser de ces automatismes cognitifs qui s'entretiennent et de se libérer à travers l'expérience.

On va donc chercher ici à apprendre, à ressentir et à découvrir par l'expérience. On va remettre en question nos vieux procédés sclérosants et acquérir de nouvelles compétences expérientielles. Tout ce travail est fondé sur un certain nombre d'exercices réalisables en individuel ou, mieux encore, en groupe pour assurer les échanges d'expériences personnelles. Dans tous les cas, il est impératif, après chaque exercice, de relever sur votre cahier toutes les impressions ressenties au cours de l'exercice.

Exercice : le carré de chocolat

Cet exercice, très facile à réaliser, va vous permettre d'utiliser la plupart de vos cinq sens pour vivre l'instant présent.

Nous allons remettre à chacun de vous un carré de chocolat noir aux noisettes. Au cours de certaines formations, il vous est parfois proposé un raisin de Corinthe.

Imaginez que vous n'avez jamais vu une telle chose. Posez-le dans votre main et décrivez l'impression procurée. Observez-le minutieusement et définissez :

- sa forme ;
- sa taille ;
- sa hauteur ;
- sa couleur ;
- le nombre de noisettes ;
- la forme des noisettes ;
- sont-elles entières ou pas ?

Évaluez son poids. Prenez-le avec vos doigts et ditez ce que vous ressentez, sa texture, ses aspérités…

Maintenant, fermez les yeux et essayez de le revoir tel que vous l'avez vu auparavant. Concentrez-vous sur lui.

Puis ouvrez les yeux, approchez-le de votre bouche, sentez-le et décrivez ce que ça déclenche en vous.

Observez également les mouvements que vous faites pour le porter à votre bouche.

Ensuite, déposez-le sur votre langue et notez toutes les sensations que vous éprouvez, sans le mordre. Comment définiriez-vous votre salive ? Que devient cet « objet » dans votre bouche ?

Fermez légèrement les yeux et commencez à mordre le carré de chocolat : précisez son goût, puis mâchez lentement en essayant de différencier le goût du chocolat et celui des morceaux de noisettes. Comment est votre salive ? Essayez aussi d'imaginer le même carré de chocolat avec du chocolat au lait ou du chocolat blanc. Puis avalez le contenu de la bouche et restez un moment sur le plaisir qui reste en bouche.

Imaginez la couleur de votre langue et restez centré sur le goût qui reste en bouche. Après avoir avalé ce carré de chocolat, avez-vous soif ?

Remarque : au cours de cet exercice, il est probable que vous ayez des pensées extérieures ou parasites comme :

- Quel est l'intérêt de faire cet exercice ?
- Pourquoi avoir choisi un carré de chocolat ?
- Le goût et l'odeur du chocolat me rappellent mes vacances chez ma grand-mère.
- J'adore le chocolat, c'est une récompense.
- J'aurais préféré du chocolat au lait.
- Quelle idée de l'avoir choisi avec des noisettes !

Il est important d'accepter ces idées, de ne pas chercher systématiquement à les écarter. Notez-les sur votre cahier, et recentrez-vous sur l'expérience et sur l'objet (ici le carré de chocolat) sans porter de jugement. Je ne refuse pas ces pensées, j'en prends note, mais je retourne à l'exercice en cours.

Voir schéma « Le cercle vertueux de la pleine conscience » dans le cahier central, p. II.

Exercice

Prenez votre cahier et reproduisez ce cercle vertueux en l'appliquant à différentes activités que vous réalisez au cours d'une journée comme : le brossage des dents, la préparation d'un plat cuisiné ou encore la rédaction d'un rapport au travail.

Ainsi, petit à petit, vous allez entrer dans le monde de la pleine conscience et découvrir tous ses bienfaits…

Le balayage corporel ou « *body scan* »

Il s'agit d'un exercice assez difficile à réaliser car il prend du temps – environ quarante minutes tous les jours, et ce pendant deux mois. Il est d'une efficacité redoutable à la fois pour maîtriser parfaitement son corps et aller au-delà de ses limites.

Exercice

Installez-vous sur un tapis à plat dos dans un endroit agréable et silencieux. Fermez les yeux et concentrez-vous progressivement sur votre respiration ; étudiez minutieusement les mouvements de votre cage thoracique, les entrées et sorties d'air de vos poumons.

Maintenant, prenez conscience de toutes les parties de votre corps qui sont en contact avec le sol : les talons, les mollets, les fesses, certaines parties de votre dos, vos paumes de main et votre occiput. Concentrez-vous à nouveau sur votre respiration, qui doit être lente, et essayez de retrouver une sensation de chaleur et de lourdeur, comme si vous étiez dans un duvet.

Prenez conscience, à présent, de toutes les sensations physiques que vous percevez au niveau des différentes parties de votre corps. Tel un faisceau lumineux, balayez chacune des parties de votre corps, par exemple le pied droit : prenez conscience des sensations au niveau des orteils, de la position de chacun par rapport à ses voisins, lorsqu'ils se touchent, puis au niveau de votre talon au contact du tapis. Continuez de promener votre faisceau, vous allez arriver à l'abdomen. Prenez alors conscience des mouvements de votre ventre, des différents bruits qu'il peut produire et imaginez toutes les réactions chimiques qui existent à cet instant précis. Puis remontez progressivement, en passant par les bras, les mains, les doigts, le cou, le visage et le crâne.

Il est conseillé de se concentrer à chaque inspiration sur la respiration et de pratiquer le balayage corporel à chaque expiration.

Au cours du balayage, si vous éprouvez une tension ou une douleur au niveau d'une région particulière, recentrez-vous sur votre respiration en utilisant le principe suivant :

« J'inspire en me focalisant sur la douleur, et j'expire en cherchant à l'évacuer. »

Au cours de l'exercice, vous allez vous confronter aux événements parasites, ce qui est tout à fait normal, comme :

- un bruit ;
- une pensée négative ;
- une sensation désagréable.

Commencez par l'accepter, puis le reconnaître sans porter de jugement. En revenant sur votre respiration, poursuivez votre balayage à partir de l'endroit où vous vous étiez échappé.

Une fois le balayage terminé, rassemblez tous les morceaux du puzzle et visualisez l'ensemble de votre corps comme une unité qui fonctionne harmonieusement sur un fond de respiration calme et mélodieuse. Enfin, calmement, ouvrez les yeux et reprenez contact avec votre environnement.

Ne vous laissez pas envahir par vos pensées. Écoutez votre corps lorsqu'il parle, c'est lui qui a toujours raison.

La restructuration cognitive

Cette méthode consiste à penser autrement. Elle nous permet de sortir du cercle vicieux (que vous retrouverez détaillé dans le prochain chapitre), pour éviter de produire toujours les mêmes effets en partant des mêmes causes.

La première étape consiste à repérer la pensée automatique, cette petite phrase intérieure courte qui nous envahit à chaque nouvelle situation.

1. Lorsque mon supérieur hiérarchique me fait une réflexion désagréable, une pensée automatique peut venir à moi, comme :
- « Il est vraiment méchant. » ;
- « Je le déteste. » ;
- « Il ne m'apprécie pas. » ;
- « Il ne sait faire que des reproches. » ;
- « Je n'ai aucun plaisir à travailler avec lui. »

2. Ou lorsque je suis submergé de travail :
- « C'est insupportable. » ;
- « Je n'y arriverai jamais. » ;
- « Un jour ou l'autre je vais tomber malade. » ;
- « Il pourrait bien me procurer un ou une assistante. » ;
- « Il faut que je cherche un autre travail. »

Toutes ces pensées automatiques sont en relation étroite avec notre schéma « prédominant », comme nous le verrons plus loin.

Dans chaque situation de la vie courante, des pensées automatiques vous viennent à l'esprit, dont vous n'avez pas toujours conscience. Pourtant, leur rôle est essentiel puisqu'elles vont conditionner votre comportement.

Ces pensées automatiques sont souvent solidaires de l'émotion ; plus cette dernière grimpe en intensité, et plus les pensées automatiques qui y sont associées seront négatives.

Exercice : les cinq colonnes de Beck

Sur votre cahier, tracez un tableau de cinq colonnes, sachant que :

- la première colonne correspond à la situation déclenchante ;
- la deuxième colonne concerne les émotions qui surviennent. Il est nécessaire de bien les reconnaître et de les évaluer entre 0 et 10 ;
- la troisième colonne correspond à la pensée automatique qui apparaît dans l'esprit ; c'est cette petite phrase presque concomitante de l'émotion et qui dépend souvent de nos croyances. Il est intéressant de noter le niveau de croyance par rapport à cette pensée automatique en la chiffrant entre 0 et 10 ;
- la quatrième colonne reflète le comportement ;
- la cinquième colonne correspond aux conséquences qui se situent sur deux niveaux :
  - moi,
  - mes relations avec les autres.

Situation déclenchante	Émotion	Pensée automatique	Comportement	Conséquence
Mon ordinateur tombe en panne, alors que je dois présenter mon bilan.	Angoisse : 8/10	« Je n'ai jamais de chance. »	Je râle	Je cours partout
	Colère : 8/10	« Quelle saleté, cet ordinateur ! »	Je m'énerve	Je perds du temps
	Transpiration : 6/10	« Je ne vais pas pouvoir m'en sortir. »	Je tape sur mon bureau	Ma présentation est médiocre

Cet exemple montre bien que la montée en puissance des émotions s'accompagne de pensées automatiques généralement négatives et souvent irrationnelles. Dans ce cas, le comportement est inadapté et engendre des conséquences néfastes, puisque le fait de courir partout est une perte de temps qui empêche de réfléchir et de trouver la solution de remplacement la mieux adaptée à la situation et la plus efficace.

Le travail de « restructuration cognitive » consiste à rechercher une autre pensée, plus rationnelle et plus logique, que l'on appelle la « pensée alternative ». C'est très délicat et exigeant car, pris dans l'émotion, il est difficile de trouver la bonne solution.

Exercice (suite)

Pour trouver cette « pensée alternative », posez-vous la question : « Qu'est-ce que j'aurais pu me dire d'autre dans cette situation ? » Puis reprenez votre cahier et complétez la fiche de Beck en y ajoutant la pensée alternative.

- « Heureusement, j'avais bien préparé mon intervention et je la maîtrise parfaitement. »
- « Je vais essayer de trouver un autre ordinateur chez mes collègues de travail. »

Comportements :

- « Je prépare mon budget d'une autre façon. »
- « Je vais demander de l'aide. »

Conséquences :

- « J'assure ma présentation avec beaucoup plus de calme et je suis moins stressé. »

Cet exemple illustre bien le fait que notre cerveau traite trop souvent l'information d'une façon erronée et que plus l'émotion s'intensifie, plus la pensée automatique nous rend peu performant.

Trop d'émotivité nuit à notre efficacité.

Il existe une relation étroite entre la pensée automatique et l'émotion.

Situation déclenchante	Mon ordinateur tombe en panne, alors que je dois présenter mon bilan.		
Émotion	Angoisse : 8/10	Colère : 8/10	Transpiration : 6/10
Pensée automatique	« Je n'ai jamais de chance. »	« Quelle saleté, cet ordinateur ! »	« Je ne vais pas pouvoir m'en sortir. »
Comportement	Je râle	Je m'énerve	Je tape sur mon bureau
Conséquence	Je cours partout	Je perds du temps	Ma présentation est médiocre
Pensée alternative	« J'ai bien préparé mon intervention. »	« Je connais parfaitement mon dossier. »	« Jusqu'à présent, j'ai toujours assumé. »
Nouveau comportement	Je demande de l'aide	Je le présente autrement	J'accepte de présenter
Nouvelle conséquence	Je suis calme	Je suis prêt	Je suis moins stressé

■ **Chapitre 7**

Le pouvoir des **émotions**

Qu'est-ce qu'une émotion ?

Définition

Personne ne propose aujourd'hui de définition précise. L'étymologie du mot, « *motion* », désigne le mouvement ressenti à l'intérieur, qui nous pousse à agir, fréquemment d'une manière brusque et irrationnelle. Quant à la définition du dictionnaire *Le Robert* : « *État affectif intense, caractérisé par des troubles divers.* »

Pendant très longtemps, les émotions ont été ignorées et rejetées. Il était interdit d'en parler, c'était un sujet tabou. Qui ne connaît pas cette petite phrase absurde : « Garde tes larmes pour plus tard » ?

De nombreux travaux scientifiques explorent ce monde encore méconnu, qui devient de plus en plus transparent et compréhensible. On a trop souvent considéré que l'émotion était systématiquement négative, freinatrice, qu'elle était synonyme de souffrance, de faiblesse et qu'elle s'adressait surtout au sexe féminin, qu'elle était aussi irréfléchie et donc destructrice.

Les émotions sont-elles utiles ?

Les émotions sont indispensables à la vie. Ce sont des guides qui nous aident à traiter les informations. Elles nous renseignent en permanence sur notre environnement et nous permettent de prendre des décisions.

L'émotion déclenche d'abord une manifestation interne – tachycardie, sensation de boule dans la gorge ou encore transpiration. Puis elle peut générer une réaction externe, comme la colère ou la peur.

Elle est provoquée par la confrontation à une situation et à l'interprétation que nous lui donnons, en tenant compte de nos propres croyances qui, dans la plupart des cas, ont été élaborées dans notre enfance et souvent entretenues par la suite.

L'émotion est en rapport étroit et constant avec nos décisions et nos actions. Elle agit bien sûr sur nos comportements. Elle conditionne nos choix et interfère sur nos perceptions.

Les émotions nous permettent de nous positionner face à notre environnement, de faire appel à notre physiologie pour nous donner les moyens d'agir avec logique.

Des études récentes ont montré que les émotions et les cognitions étaient intimement liées : « *L'émotion est la voie royale vers la cognition*[1]. »

De l'émotion à la cognition

La cognition est la façon dont on pense, la façon dont on interprète et se représente les informations dans notre cerveau. Elle est en quelque sorte notre pensée et notre ressenti par rapport à un événement.

Il est difficile de dissimuler ses émotions. Elles se traduisent souvent par les expressions faciales qui résultent d'une action sur les muscles du visage. Ces expressions faciales peuvent varier d'un individu à l'autre mais, dans tous les cas, elles représentent une émotion spécifique.

1. A.T. Beck.

Le nombre des émotions est presque aussi élevé que celui des situations émotionnelles vécues par chaque individu. Toute émotion est unique. Elle ne sera jamais la même, puisque à chaque fois, elle sera vécue dans un cadre et un contexte particuliers.

Le « classement » des émotions

On distingue un grand nombre d'émotions qu'il est difficile de classer. On admet néanmoins qu'il existe aujourd'hui trois types d'émotions :

- **Les émotions fondamentales,** présentes dès la naissance et que l'on retrouve chez tous les individus, sont essentiellement :
  - la colère ;
  - la tristesse ;
  - la honte ;
  - le dégoût ;
  - la peur ;
  - la joie ;
  - le bonheur ;
  - le plaisir.
- **Les émotions dites « mixtes »,** qu'on a tendance à assimiler à des émotions, sont en fait souvent utilisées comme une échappatoire pour cacher ce que nous ressentons.

> **Vous demandez une augmentation de salaire, elle vous est refusée. Vous pouvez ressentir de l'amertume, qui est un mélange de tristesse, de déception, et même de colère.**

- Enfin, **les émotions que l'on pourrait appeler « sensorielles »** sont à composante corporelle. Elles se traduisent le plus souvent par un malaise, une sensation de mal-être. Elles sont la résultante d'un refus de l'émotion, c'est-à-dire qu'elles surviennent lorsque nous empêchons l'expression émotionnelle d'apparaître ; il peut s'agir d'une émotion que nous voulons faire disparaître, ou d'une émotion que nous cherchons systématiquement à minimiser ou à censurer. Il est capital de décrypter ces différentes manifestations corporelles inconfortables pour les surpasser, et ainsi pouvoir se remettre en contact avec l'émotion initiale.

De plus en plus de personnes fuient leurs préoccupations majeures et, de ce fait, sont en proie à des crises de panique. La peur de revivre ces crises les porte à éviter toute situation où elles sont susceptibles de se produire, ce qui, à court terme, les isole davantage, entraînant un risque de désocialisation. Le travail, aujourd'hui, le plus important consiste à parvenir à accepter nos émotions. En effet, dans la plupart des cas, nous cherchons par tous les moyens à les contourner et les éviter.

La fonction des émotions

Les émotions sont souvent tournées vers l'action lorsqu'elles sont dans leur zone d'efficacité (intensité gérée), alors que si elles grimpent dans la zone dangereuse (intensité non gérée), elles peuvent devenir néfastes.

> La peur qui s'exprime par une posture de recul dans un premier temps prépare le corps à fuir ou à se défendre, mais si l'émotion poursuit son ascension, l'individu risque de se tétaniser et devenir alors vulnérable.
>
> De même, la colère nous permet tout de suite d'avertir que nous ne sommes pas d'accord, elle est dans ce cas informative. Mais si l'émotion devient incontrôlable, nous aurons rapidement une forte tension musculaire qui va nous pousser à l'attaque.

Les émotions apparaissent donc comme un processus indispensable à la prise de décision. Mais nous allons devoir apprendre à les évaluer car, suivant leur intensité, nous aurons des comportements très différents.

Les principales émotions négatives au travail

La peur

Qu'est-ce que la peur ?

La peur est une véritable émotion, c'est-à-dire qu'elle se manifeste brutalement. Elle est envahissante et ne dure généralement jamais très longtemps. La période de récupération est plutôt rapide.

Elle survient face à un danger ou dans la probabilité d'un danger imminent. C'est donc une émotion d'anticipation, qui prévient d'un risque possible.

La peur est une émotion personnelle, chacun d'entre nous la vit à sa manière. Elle est fonction de notre histoire, de notre éducation ; c'est dans l'enfance qu'elle se construit et, selon la manière dont nous avons vécu nos premières peurs, elle se manifestera ultérieurement avec plus ou moins de violence. Ainsi, il est important de rendre cette émotion rationnelle, c'est-à-dire raisonnable, pendant l'enfance pour qu'elle devienne plus tard informative, utilisable et la moins paralysante possible dans un quotidien où l'environnement est déjà bien imprégné de peurs qui la renforcent en permanence.

Le mécanisme de la peur

Face à une menace, nos organes sensoriels informent le thalamus, qui va classer les informations puis instruire l'amygdale, lequel va induire une réponse comportementale. C'est Joseph LeDoux, professeur de neurophysiologie à l'université de New York, qui a démontré que l'information enregistrée par nos organes sensoriels est tout d'abord traitée dans une structure profonde appelée l'amygdale. On y distingue une voie basse, très rapide, automatique, qui permet de juger de l'importance de l'information, et une voie haute qui serait celle du raisonnement, qui agit au second plan et permet d'analyser la situation, et donc d'adapter une réponse appropriée.

Il est indispensable que ces deux voies fonctionnent ensemble pour permettre aux émotions négatives de provoquer des symptômes physiques qui pourront donner l'alerte.

La peur peut donc être justifiée ou irréelle. Elle est déclenchée par la perception d'un danger, peut-être déjà vécu pendant l'enfance et qui se réactive automatiquement par une situation analogue à celle qui l'a occasionnée initialement.

La peur n'est pas toujours fondée. Elle signale la présence d'un danger réel ou imaginaire, elle est de courte durée et se traduit par des manifestations physiques qui vont mettre l'individu en tension pour qu'il soit prêt : à affronter ou fuir le danger, ou encore à se défendre. Une fois le danger passé, la peur s'apaise et l'on constate un retour à la normale.

La peur est une émotion informative qui, lorsqu'elle est bien gérée, est parfaitement utile.

Edmond, 52 ans, est cadre depuis de nombreuses années dans une entreprise florissante. Il entend parler d'un rachat possible de celle-ci par un groupe étranger, ce qui va entraîner une vague de licenciements. Cette rumeur déclenche chez lui immédiatement une émotion de peur.

Cette peur peut être utile car elle l'informe d'un danger potentiel, qui va lui permettre de prendre des décisions visant à le protéger. Mais il doit rester prudent et vigilant, car si l'émotion devient trop forte, elle risque de l'entraîner dans des réactions mal adaptées à la situation et de lui nuire. Que doit-il faire pour gérer cette information et lui donner toute son importance ?

Étape 1

Être réceptif à l'information et la vérifier pour ne pas entreprendre des démarches inappropriées.

Étape 2

S'adapter à la situation et utiliser toutes ses ressources pour rendre cette situation effective, en enclenchant les différents processus qui sont nécessaires à la bonne prise de décision.

Étape 3

Évaluer son potentiel et sa confiance en soi.

Étape 4

Mettre en route la motivation qui permettra de faire de sa peur un élément constructif et utile.

La colère

« La colère est comme une avalanche qui se brise sur ce qu'elle brise. »
Sénèque

Qu'est-ce que la colère ?

La colère est une émotion de base qui informe d'un mécontentement, d'un sentiment de frustration par rapport à ses désirs et ses droits.

Elle se manifeste généralement lors d'une situation qui vous empêche de réaliser une action qui est souhaitable pour votre bien-être.

La colère est certainement l'émotion qui s'exprime le plus souvent dans notre société. Elle traduit notre insatisfaction face aux multiples contrariétés de la vie.

Le travail est le lieu privilégié où se manifeste la colère, car c'est au travail que nous ressentons le plus de frustration face à des situations qui nous plongent bien souvent dans l'amertume et le sentiment d'injustice.

Dans la plupart des cas, l'émotion « colère » s'accompagne d'un sentiment de privation, de tristesse, d'agacement, voire de rage. Elle engendre alors l'agressivité et la violence...

Comment s'exprime la colère ?

La colère est habituellement aiguë, violente et de courte durée. Elle entraîne un certain nombre de manifestations physiologiques et corporelles désagréables dans le but de se préparer à se défendre.

Au départ, nous avons une accélération de l'activité cardio-vasculaire, la circulation sanguine augmente, ce qui se traduit par une sensation de chaleur et, éventuellement, un rougissement du visage. La respiration s'accélère, avec le risque de passer en hyperventilation, et la voix s'intensifie ainsi que le débit verbal.

La colère entraîne également une action sur les muscles, qui vont se contracter. C'est le cas des muscles de la main qui, lorsqu'il y a un danger, se raidissent pour former le poing qui deviendra, si nécessaire, un véritable moyen de défense. Au niveau du visage, la colère se manifeste par un froncement de sourcils, et une contraction du menton et des lèvres. Ce sont les expressions faciales qui nous permettent d'identifier l'émotion en cours et de pouvoir, par l'empathie, trouver la solution adéquate à la situation troublée.

Dans la plupart des cas, la colère est brève. Elle peut s'accompagner d'agressivité, et même aller jusqu'à la haine (souhait du malheur de l'autre pour se venger). Elle s'arrête généralement brutalement, avec un retour à la normale qui peut déconcerter l'autre. Mais elle peut aussi laisser des traces, si le partenaire s'entête à avoir un comportement qui la renforce.

Il est primordial, pour désamorcer une colère, de s'éloigner de la cause qui l'a provoquée. La colère est fréquemment incontrôlable, et la réponse à un mal subi peut être beaucoup plus intense que l'élément déclencheur, ce qui mène inexorablement à l'hostilité.

Comment formuler sa colère ?

La colère s'exprime souvent contre quelqu'un ou contre soi. Elle signifie qu'une envie ne peut s'accomplir ou qu'un espoir n'a pas été concrétisé.

La colère se déclenche face à une situation qui, souvent, met en jeu autrui ; on considère que la situation s'est retournée contre nous, on l'interprète comme une atteinte personnelle et on met toujours l'autre en défaut, en accusation. Dans ce cas, elle réinitialise notre schéma « prédominant », elle réveille aussi de vieux souvenirs gênants, présents et douloureux qui entraînent cet état défensif difficile à vivre. Il faut donc accepter sa colère, la comprendre, la décoder et l'utiliser pour retrouver le calme.

Elle va permettre d'exprimer son mécontentement, son désaccord, son insatisfaction face à une situation donnée, mais elle ne doit jamais devenir explosive et mener au conflit. Bien au contraire, si elle est maîtrisée, elle permettra de trouver le compromis nécessaire à la bonne gestion de l'action en cours pour vous amener vers un état de paix, de calme, et donc de satisfaction personnelle qui va renforcer votre confiance en vous.

La colère ne doit, en aucun cas, s'accompagner d'agressivité ni de vengeance. Elle doit simplement être un indicateur informatif qui permet d'établir une stratégie de compromis, avec, comme résultante, la satisfaction qui servira d'énergie positive pour nourrir l'estime de soi.

Valérie, 47 ans, est très en colère. Son patron lui promet depuis deux ans une promotion qui ne vient pas et chaque fois qu'elle revient sur le sujet, il se défile et repousse l'échéance avec des arguments qu'elle réfute.

Après chaque entretien, elle s'emporte contre lui, qui la manipule, mais aussi contre elle-même car elle n'a pas le courage de réagir. Elle reste dans une colère rentrée qui lui occasionne de nombreux troubles de santé. Surtout, elle sait que bientôt sa colère va sortir, le conflit va éclater et qu'elle risque d'être licenciée ou mise au placard.

Valérie ne sait plus comment agir. Elle doit utiliser sa colère comme un conseiller pour choisir une stratégie qui mène à l'apaisement personnel, et donc à la prise de bonnes décisions.

Stratégie 1

Il faut tout d'abord définir avec précision quel est l'objet de sa colère. Très vite, elle prend conscience que ce n'est pas la promotion qui est en cause. C'est le manque de respect de son supérieur, son indifférence, sa manipulation, son attitude désinvolte, qui la rendent coléreuse et lui donnent ce sentiment de révolte.

Elle doit donc travailler sur le fait d'être respectée par lui et établir une nouvelle demande, exprimée différemment, en détaillant, par exemple, ses sentiments et ses besoins, puisque les dernières requêtes n'ont jamais abouti.

Si elle n'obtient aucun résultat, alors elle passe à la stratégie suivante...

Stratégie 2

Devant l'immobilisme de son supérieur, elle s'investit moins dans son travail et cherche une activité complémentaire qui lui permettra de retrouver le calme.

Stratégie 3

Elle prend conscience qu'elle ne pourra pas évoluer dans cette société et entreprend les démarches nécessaires pour trouver un nouveau travail qui corresponde à ses attentes.

La colère est une émotion réactionnelle qui doit conduire à l'ordre et au raisonnement.

L'angoisse

L'angoisse n'est pas une véritable émotion. C'est un symptôme, ou même un état émotionnel, qui se manifeste par un malaise désagréable et peut aller jusqu'à la peur de mourir.

La plupart du temps, de nombreuses manifestations physiques apparaissent – transpiration, fourmillements dans les extrémités et au niveau thoracique, parfois même une sensation d'étouffement et de constriction thoracique.

L'angoisse peut être causée simplement par une pensée, par la vue d'une scène, ou encore en imaginant telle ou telle situation. Ce qui la déclenche, c'est le fait de refuser l'expérience émotionnelle. Si bien que tous les moyens mis en œuvre pour l'écarter vont provoquer la crise.

Certains individus sont plus fragiles devant l'anxiété que d'autres. Il est fortement conseillé de ne pas toujours chercher à éviter la survenue de l'angoisse. Il faut, au contraire, laisser se dérouler l'expérience émotionnelle pour la rendre la plus logique possible.

L'angoisse est le plus souvent la résultante d'un blocage émotionnel. L'acceptation de l'émotion peut permettre de mieux l'exploiter.

Brigitte, 32 ans, est souvent angoissée le matin au réveil lorsqu'elle pense à la journée qui s'annonce. Elle a la sensation qu'elle ne pourra pas assumer toutes ces choses qui meublent son emploi du temps : aller chercher à l'heure les enfants à l'école, réaliser sa journée de travail sans trop de difficulté, être disponible avec ses collègues, ou encore courir toute la journée pour essayer de faire le maximum de choses.

Que peut faire Brigitte pour éviter cet état émotionnel qui revient tous les matins ?

Étape 1

Ne pas compenser la venue de l'angoisse par un comportement inadapté comme, par exemple, l'hyperactivité.

Étape 2

Lorsque je sens arriver l'angoisse et qu'elle monte en puissance, je vais chercher à me défendre en appliquant la respiration abdominale, ce qui va la freiner, et ainsi éviter son ascension.

Étape 3

Je reste attentif afin de laisser apparaître le problème déclencheur de la crise, qui va surgir spontanément de la zone d'obscurité dans laquelle on l'a soigneusement isolé.

Étape 4

Je laisse défiler le scénario pénible et toutes les émotions qui y sont rattachées comme la colère, la frustration, la culpabilité ou l'ennui.

Étape 5

J'essaie de poser le problème tel qu'il existe réellement, de le réceptionner, de trouver les solutions adaptées aux difficultés qui viennent de se révéler et de ne plus les refouler systématiquement dans le but d'obtenir un soulagement qui sera toujours de très courte durée.

Une fois le problème réel posé, le soulagement de la crise est immédiat.

L'évaluation émotionnelle

On utilise volontiers une règle d'évaluation qui va de 0 à 10 (0 = pas d'émotion, 10 = émotion à son maximum). En général, on considère que dans la zone de 0 à 5, vous n'aurez aucune difficulté à gérer l'émotion. En revanche, dans la zone de 5 à 7, vous êtes dans une situation où les difficultés vont se manifester. Quant à la zone de 7 à 10, les problèmes vont vraiment s'exprimer, et le risque majeur est une perte du contrôle de soi.

En résumé, on parlera de la zone verte de 0 à 5, de la zone orange de 5 à 7 et de la zone rouge de 7 à 10.

- Si vous êtes en colère de niveau 3 ou 4, vous n'aurez aucune difficulté à gérer la situation et le compromis se fera dans l'harmonie.
- Si vous estimez votre colère à 6 ou 7, vous allez manifester votre désaccord, au risque mineur d'engager un conflit.
- Enfin, si votre niveau émotionnel se situe vers 8 ou 9, le conflit est imminent et votre comportement risque de se manifester par de la violence, comme claquer une porte ou raccrocher le téléphone violemment.

À vous de jouer !

Le contrôle de l'intensité émotionnelle est une condition indispensable au bien-être de chacun et contribue efficacement à la qualité de la relation avec les autres.

Les émotions au travail

Le travail est certainement l'endroit où les émotions s'expriment le plus violemment. La pression permanente peut, chez certains individus fragiles, activer une ou plusieurs de leurs valeurs originelles, avec la possibilité de déclencher, à chaque instant, un conflit interne de celles-ci.

Le risque qui apparaît alors est de déstructurer et de mettre en porte-à-faux le travailleur qui s'efforce constamment de faire du mieux possible. La mauvaise gestion des émotions peut nuire à la relation avec autrui, que ce soit un simple collègue de travail ou un supérieur hiérarchique.

Actuellement, on constate que le lieu de travail est un espace où l'individu se sent souvent mal à l'aise. Il a de plus en plus de mal à supporter les contraintes liées à son travail, il se sent surveillé, épié, ce qui l'empêche de ressentir la liberté nécessaire à la bonne réalisation de son ouvrage. Tout au long de sa journée de travail, l'individu se plaint de vivre une multitude d'émotions négatives qui contribuent pleinement à la pénibilité de son action, avec les risques considérables de voir apparaître de la démotivation, de l'ennui et, très vite, une cascade de symptômes physiques qui annoncent un absentéisme répétitif et dangereux.

Le travail est un véritable déclencheur d'émotions. Les plus fréquentes sont :

- la colère contre un collègue, face à un travail mal exécuté ;
- le stress, si l'on arrive en retard ou si l'on passe un entretien ;
- l'anxiété, si l'on est convoqué par son supérieur ;
- du plaisir, si l'on va déjeuner avec un ami ou si l'on partage un café au moment d'une pause ;
- la peur d'avoir commis une erreur ;
- la tristesse ;
- la culpabilité ;
- le dégoût ;
- la honte ;
- le découragement.

Il est donc fondamental de proposer à chacun des méthodes qui permettront à chaque instant de la journée de s'orienter vers des émotions positives, et donc de ne pas mettre en valeur les émotions négatives. C'est ce que nous allons traiter dans les pages qui suivent.

Chaque individu est unique au sein d'un groupe. C'est en en prenant conscience que l'on pourra faire évoluer favorablement le système, actuellement usé, lui redonner du souffle pour trouver une identité nouvelle.

Chaque unité est interdépendante des autres pour assurer un résultat. Mais il est incontestable que c'est grâce et par l'individu qu'un tel challenge pourra aboutir ; il faut rendre au travail ses principaux objectifs comme le développement personnel, la reconnaissance, le bien-être, qui sont les ingrédients nécessaires à la bonne estime de soi.

C'est ainsi qu'il est souhaitable que chacun retrouve au quotidien des émotions positives comme le plaisir, la joie, la fierté, ou encore l'estime. Il est important de déclencher des événements qui vont contribuer à la mise en route de ces émotions « vertes ». Il peut s'agir d'un déjeuner avec un ou une collègue, de boire un café avec un ami à la pause, d'échanger des idées dans le cadre d'un projet en cours de réalisation, ou tout simplement de se féliciter lorsqu'on est satisfait de son ouvrage.

Il faut « optimiser » le salarié pour le rendre efficace, salutaire, profitable et utile.

Les rouages d'une entreprise ne peuvent fonctionner que si toutes les « roues » sont en bon état de fonctionnement ; il faut donc faire un diagnostic de chacune des pièces pour rendre l'ensemble du système opérationnel.

Le travail est un bienfait qui permet à chaque instant d'être beau, de devenir précieux et de finir par sublimer son action.

Exercice

Prenez votre cahier et notez toutes les émotions que vous ressentez le plus souvent dans votre quotidien. Classez-les par ordre de fréquence. Très vite, vous allez constater que ce sont toujours les mêmes émotions qui reviennent en boucle et ce, dans les mêmes situations.

Toutes ces émotions donnent du goût et de la valeur au travail que nous exécutons, elles sont indispensables à notre activité. Mais pour qu'elles nous amènent au bien-être et à l'efficacité, il faut savoir les maîtriser et les utiliser dans leur « zone » positive. C'est là le problème, car la plupart d'entre nous s'installent dans une zone émotionnelle négative qui les mène à la fatigue, au manque de motivation et de reconnaissance. Ainsi, l'émotion qui a été mal traitée initialement devient, à plus ou moins long terme, un facteur dépressogène.

Le fonctionnement des émotions

Elles se déclenchent automatiquement, dans des circonstances précises qui ressemblent le plus souvent aux situations qui les ont motivées primitivement. Il existe très probablement une prédisposition biologique aux émotions. Mais, surtout, lorsque nous vivons une émotion de façon aiguë et violente, elle s'imprime dans notre mémoire à long terme ; elle va créer une voie neurologique qui se redéclenchera automatiquement lorsque nous vivrons à nouveau une situation équivalente de celle qui l'a engendrée au départ.

À retenir

Lorsqu'une émotion provoque de la douleur, l'individu va essayer de la réprimer, et il va chercher à mettre en place des plans d'évitement pour ne pas se confronter à elle.

C'est une erreur. Il faut, au contraire, l'utiliser comme un renseignement capital. C'est ce que vous allez très vite découvrir et savoir réaliser dans les pages qui suivent.

En résumé

Dans certaines situations, l'individu peut procéder à une **évacuation émotionnelle**. Dans un premier temps, il va y trouver un soulagement mais, très vite,il va se rendre compte que cela risque de le conduire à l'isolement, par lassitude du voisinage qui, au début, va comprendre et participer à l'émotion négative, mais qui, ensuite, va se décourager devant l'attitude répétitive du plaignant.

De même, le fait de **refouler** ses émotions n'est pas non plus une solution car cela risque de conduire à une certaine rumination qui va renforcer négativement le processus émotionnel.

Enfin, des stratégies de **détournement** comme : « Tu n'as qu'à penser à autre chose », « Tu n'es pas si malheureux » ou « Il y a des gens beaucoup plus malheureux que toi » n'apportent qu'un soulagement mineur et de courte durée dans des situations très ponctuelles et de faible montée émotionnelle. Surtout, elles n'apportent aucune solution pour le futur.

Alors, que faire ?

Il est conseillé à chaque individu de mettre en pratique des méthodes beaucoup plus puissantes qui consistent à :

- accepter ;
- réguler ;
- exprimer ses émotions.

En aucun cas il est bénéfique de chercher à les ignorer ou à les étouffer.

L'acceptation émotionnelle

Actuellement, il est beaucoup plus intéressant de travailler sur des modèles d'acceptation de l'émotion. Il s'agit d'apprendre à se confronter à ce sentiment pénible et d'appliquer des procédures qui permettent un nouveau comportement. Il faut essayer d'accepter cette émotion en tant qu'expérience, en ne portant aucun jugement, de l'utiliser comme une aide à la prise de conscience que « quelque chose » ne fonctionne pas correctement. C'est en quelque sorte une mise en garde utile et positive pour éviter la chute.

À éviter

Face à une émotion désagréable, de nombreuses stratégies peuvent être utilisées pour sortir du réseau émotionnel. Par exemple :

- échanger avec quelqu'un qui fonctionne sur le même mode ;
- s'isoler ;

- écouter de la musique ;
- faire du sport ou une activité ;
- marcher ;
- rechercher des pensées rassurantes ;
- boire de l'alcool ;
- se réfugier dans un livre ou une revue ;
- fumer une cigarette ;
- utiliser des drogues.

Nous savons que ces différentes stratégies ne font que renforcer le problème causal. En aucun cas elles ne le règlent ni ne proposent des solutions efficaces pour s'en sortir.

Les bonnes méthodes pour adoucir une émotion

Elles permettent aujourd'hui de recevoir l'émotion, de l'accepter et de la traiter pour en retenir une expérience émotionnelle positive. Il est vrai que de vivre avec des émotions positives nous permet d'avancer, de créer, de vivre en harmonie, en bonne santé, d'être plus présent auprès des autres et de s'évaluer à chaque instant. Pour cela, il est nécessaire de prendre en compte son capital biologique et les différentes procédures d'apprentissage qui nous ont amené jusque-là. L'émotion est, en quelque sorte, une information majeure que l'on doit apprendre à traiter, à contrôler, à décoder, à accepter, à accompagner pour qu'elle devienne utile. Mais elle ne doit, en aucun cas, prendre le dessus et diriger notre vie. Il est donc important d'en faire bon usage.

L'émotion est le plus souvent brève. Elle peut être très forte et s'extérioriser d'une manière brutale ; on parle alors d'« explosion émotionnelle », dont les retombées risquent d'être dévastatrices. C'est justement cette montée en puissance qu'il faut apprendre à maîtriser pour éviter des dégâts environnementaux.

Comment modifier nos habitudes émotionnelles ?

Il est nécessaire d'exprimer ses émotions. Les individus qui ne le font pas s'exposent à deux problèmes majeurs dans la vie de tous les jours :

- des difficultés relationnelles avec une gêne dans la communication, un risque de désocialisation, et donc une tendance à l'isolement ;
- une certaine souffrance, qui pourra se traduire par des symptômes physiques et conduire à la somatisation.

En tout état de cause, il est possible de dire aujourd'hui que l'individu qui n'exprime pas de façon claire ses émotions durant sa vie le fera souvent sous forme de crises d'angoisse violentes, qui seront vécues, par son entourage comme par lui-même, comme un véritable tsunami dévastateur. Mais pourquoi certains individus n'osent-ils pas exprimer leurs émotions ? Par peur des conséquences, tant sur le plan physiologique que sur le plan mental.

À retenir

Attention, la mauvaise gestion émotionnelle peut conduire aux addictions, en particulier chez le jeune adulte. Il faut donc agir.

Il est important que l'individu vive intensément son émotion, en l'exprimant d'une façon rationnelle pour ne pas faire grimper son intensité, et conduire alors à un « éclatement de soi » dans une souffrance considérable. En effet, l'émotion, trop souvent, nous fait réagir d'une façon hâtive, peu rationnelle, parfois absurde et surtout culpabilisante. Suivant la manière dont vous allez gérer votre émotion, votre comportement sera plus ou moins approprié à la situation.

À retenir

Il faut apprendre à accueillir son émotion, à la vivre pleinement et savoir utiliser tout ce qu'elle peut apporter, en étant toujours conscient des effets négatifs qu'elle peut aussi produire. Selon le contexte social, normatif, culturel ou hiérarchique, il peut cependant être opportun de ne pas la signifier.

L'émotion ne doit pas vous effrayer. C'est un véritable indice, un signal qui vous informe, doit vous rendre vigilant et vous permettre de maîtriser la situation, d'évaluer les risques et de vous amener à un jugement qui facilitera l'action.

Le processus évolutif de l'émotion vers l'action

Émotion

↓

Signal

↓

Information

↓

Contrôle

↓

Évaluation

↓

Décision

↓

Action

L'univers, nous le savons, est en pleine expansion. Un peu comme nos émotions qui sont, elles aussi, en quelque sorte expansionnistes. Dans le système solaire, les planètes tournent autour du soleil, comme les émotions tournent autour de situations déclenchantes qui sont toujours les mêmes, qui entraînent toujours les mêmes effets et qui se reproduisent en boucle.

Alors, comment gérer vos émotions ?

L'être humain est un véritable récepteur qui reçoit en permanence une multitude d'informations, lesquelles proviennent de ses cinq sens :

- des informations visuelles ;
- des informations auditives ;
- des informations sensitives ;
- des informations olfactives ;
- des informations gustatives.

L'information va aller dans une « boîte noire », qui est située dans notre mémoire à long terme. Cette « boîte noire » contient toutes les informations importantes de notre vie qui ont été constituées par notre système parental, d'une part, et notre système éducationnel et environnemental, d'autre part. Ces deux systèmes contribuent fortement à la représentation de nos références et de nos valeurs de base, et vont permettre l'élaboration de notre schéma « prédominant ».

Après avoir été analysée dans cette « boîte noire », elle peut être traitée par notre système nerveux central, qui correspond à l'approche rationnelle. Elle passe alors par le cortex préfrontal qui est la voie du raisonnement.

Suivant les circonstances, l'information peut, au contraire, être traitée par une seconde voie, automatique et très rapide, qui passe par l'amygdale ; c'est la voie du système nerveux autonome qui régule les fonctions automatiques de notre corps comme la respiration, la digestion, le cœur et le système immunitaire. On y distingue deux branches :

- le système nerveux sympathique, qui a tendance à accélérer le fonctionnement des organes ;
- le système nerveux parasympathique, qui a plutôt une fonction de ralentissement.

Ces deux branches du système nerveux autonome fonctionnent en inhibition réciproque, c'est-à-dire que lorsque l'une d'elles est activée, l'autre cherche à ralentir, et réciproquement, dans le but de retrouver un bon équilibre.

En résumé

Devant un stimulus nouveau, nous pourrons traiter l'information :

- soit par le système nerveux central, que nous appellerons la voie « verte », la voie rationnelle, la voie du raisonnement ;
- soit par le système nerveux autonome ou voie « rouge » qui est plus rapide. C'est la voie émotionnelle : soit les émotions sont positives et vous ramènent dans la zone « verte », vous serez alors détendu ; soit les émotions sont négatives et s'accompagnent de réactions physiologiques – apparition de zones de tension qui peuvent se manifester sous la forme d'attaques de panique ou de symptômes cliniques très variés.

Voir schéma synthétique « Le traitement de l'information » dans le cahier central, p. III.

L'histoire du pilote héroïque

Rappelez-vous cette histoire incroyable de l'Airbus A320 qui a chuté il y a quelques années dans les eaux glacées de la baie d'Hudson à New York. Il n'y a eu aucune victime grâce à la prise décisionnelle parfaitement logique d'un commandant de bord expérimenté qui a su, dans l'urgence, faire le bon choix.

La situation se passe à New York en plein hiver. Il fait froid et les eaux du fleuve sont glaciales. L'Airbus décolle mais, très vite, il entre en collision avec un vol d'oies sauvages qui étouffent ses réacteurs. L'avion se retrouve donc en vol plané intégral. Le commandant annonce alors aux passagers de se préparer à un atterrissage sans délai qui sera violent et dangereux.

Certains diront que le pilote a eu de la chance. Probablement, mais pas seulement.

En activant à la fois sa voie lente centrale et sa voie rapide amygdalienne, il a déclenché des symptômes périphériques corporels qui lui ont permis d'accéder à la voie du raisonnement avec, pour objectif, de prendre la bonne décision.

Son cerveau, déjà très entraîné puisqu'il était un ancien pilote de l'US Air Force, a inconsciemment enregistré le détail, l'élément essentiel de la situation qui a déclenché en lui les symptômes périphériques de la peur : cette émotion est devenue en un flash de millisecondes une alliée, une informatrice lui permettant d'agir dans l'expérience, le savoir-être pour lui permettre de

garder son sang-froid et la maîtrise de l'appareil. Il a pu ainsi mener à bien une expérience difficile, hasardeuse et dangereuse en appliquant des procédures adaptées à la situation en cours.

Cette histoire illustre ce que l'on appelle aujourd'hui l'« intelligence émotionnelle », laquelle a permis, grâce à la bonne gestion de l'émotion, de prendre les décisions qui étaient indispensables.

Lorsque vous utilisez avec subtilité votre voie rapide et votre voie lente, vous pouvez devenir un véritable héros…

Notre action va porter essentiellement sur l'activation physiologique et la façon de penser.

L'activation physiologique

L'activation physiologique se traduit le plus souvent par des symptômes qui apparaissent brutalement et deviennent de plus en plus gênants – transpiration, sensation de boule dans la gorge, tremblements internes, spasmes abdominaux, envies impérieuses d'uriner ou encore palpitations. Tout cela est géré par le système nerveux neurovégétatif.

Quels sont les moyens d'action qui permettent la régulation de ce système autonome ?

La respiration

Elle joue un rôle capital dans la régulation des émotions.

Exercice

Sans rien changer au contexte où vous vous trouvez, comptez quel est le nombre de vos cycles respiratoires par minute. Le plus souvent, nous sommes aux environs de dix cycles par minute. L'objectif est d'obtenir un ralentissement respiratoire pour arriver à environ quatre cycles par minute.

À retenir

En ralentissant votre rythme respiratoire, vous allez presque immédiatement faire baisser votre niveau émotionnel.

Plus vous êtes stressé, plus vous accélérez votre rythme respiratoire, ce qui va déclencher :

- une accélération du rythme cardiaque, laquelle se traduit par un inconfort de plus en plus gênant ;
- ou une accélération de la circulation sanguine avec une sensation de chaleur locale ;
- ou encore une accélération du transit intestinal, avec un risque de diarrhée.

Il est facile de contrôler l'efficacité de cette méthode en prenant son pouls au niveau du poignet. Vous allez vite découvrir qu'en ralentissant votre rythme respiratoire, votre pouls va se ralentir.

Cet exercice est à faire régulièrement pour qu'il devienne une habitude. Il vous sera très utile dans l'urgence.

> Bernard est un grand anxieux. Il se fait du souci en permanence, il est toujours dans la peur. Chaque fois qu'il a un entretien, il panique et l'entretien se passe mal... En effet, il transpire, se sent oppressé et parfois bégaie. Après s'être exercé régulièrement pendant plusieurs semaines, il constate que son angoisse est toujours présente, mais qu'il sait la maîtriser. Cela le soulage et le rassure, il ne va plus à ses entretiens « la peur au ventre ».

Maintenant, vous allez vous exercer à pratiquer la régulation respiratoire car l'anxiété entraîne une hyperventilation qui va déclencher des malaises physiques très désagréables, lesquels vont s'accompagner de pensées négatives qui amplifieront ces malaises. Commence alors un cercle vicieux...

Il est important de bien comprendre qu'il se crée un renforcement négatif lorsque vous êtes en état de panique, puisque vous allez passer en hyperventilation – ce qui va provoquer sur-le-champ une sensation de bien-être, laquelle, très vite, va se transformer en impression d'étouffer. En effet, le fait de respirer rapidement va contracter vos muscles respiratoires, entraînant l'apparition possible de douleurs thoraciques et cette sensation si pénible d'étouffement.

Exercice

Reprenez l'exercice de la respiration abdominale. Installez-vous confortablement sur un canapé ou sur une chaise. Videz vos poumons tranquillement, puis prenez un peu d'air, juste ce qu'il faut en remplissant vos poumons lentement. Ensuite, bloquez votre respiration en gonflant le ventre comme si vous gonfliez un ballon. Comptez jusqu'à 5, et commencez à vider doucement vos poumons. Puis recommencez cet exercice jusqu'à obtenir un état de bien-être.

Cette pratique quotidienne vous permettra très vite de reprendre le contrôle de vos émotions.

La relaxation « flash »

Elle est utile chaque fois que vous vous trouvez en difficulté. Elle va éviter de rendre l'émotion trop forte, ce qui aboutira au contrôle de la situation.

À pratiquer régulièrement

Il vous suffit de vous installer tranquillement dans un endroit calme, de pratiquer quelques exercices d'hypoventilation et de vous concentrer sur votre respiration. Rapidement, vous allez pouvoir reprendre la situation en main.

La désensibilisation en réalité et en imagination

Cette technique a déjà été évoquée dans le chapitre 6 sur la gestion du stress. Elle prend ici une place de choix. Elle consiste à s'exposer à des situations qui déclenchent le stress. Il est recommandé de « découper » la situation stressante choisie en sous-situations, et de partir de la plus facile pour aller vers la plus difficile.

Après une courte relaxation, vous êtes invité à vous confronter aux situations, en commençant par la plus facile, puis en augmentant progressivement la difficulté. Si, au cours de l'exposition, votre degré d'anxiété s'envole, arrêtez-vous pour reprendre plus tard, lorsque votre anxiété aura retrouvé un niveau d'intensité correct.

> Sylvain travaille dans une grande entreprise nationale. Il assure un poste à responsabilités puisqu'il manage un groupe de vingt-deux personnes. Son plus gros stress surgit lorsqu'il doit aller déjeuner à la cantine avec ses collègues qui viennent le chercher quotidiennement vers 12 h 30, c'est-à-dire à l'heure où il y a le plus de monde dans cette cantine. Chaque fois, en rentrant dans la grande salle, il se sent mal, son cœur s'accélère, il rougit un peu du visage et a l'impression que tout le monde le regarde et le juge. Il fixe un point et ne le quitte pas des yeux jusqu'au moment où il s'assoit, si bien qu'il ne dit bonjour à personne, ce qui irrite quelques collègues, qui le croient indifférent.
>
> Chaque jour, il essaie de trouver une excuse pour ne pas aller à la cantine avec les autres.
>
> - « La nourriture n'est pas très bonne. »
> - « Je n'ai pas le temps de déjeuner aujourd'hui. »
> - « Je suis au régime et j'ai apporté mon assiette. »
> - « J'ai rendez-vous avec un ami à l'extérieur. »
>
> Mais il est lassé de devoir toujours inventer une excuse, que ses camarades ont de plus en plus de mal à croire d'ailleurs. Si bien que, depuis quelque temps, il se sent seul et exclu — les propositions d'aller déjeuner ensemble se faisant de plus en plus rares. Ce sentiment d'exclusion lui rappelle des moments analogues de l'enfance qui lui ont été difficiles et Sylvain devient de plus en plus irritable, même à la maison.
>
> Il va utiliser la technique du thermomètre des peurs, qui consiste à notifier sur son cahier les situations pénibles qui le freinent dans sa réalisation, en partant de la situation la plus facile à accomplir jusqu'à la situation la plus angoissante.

Le thermomètre des peurs de Sylvain :

- aller à la cantine vers 11 h 30, lorsqu'il y a peu de monde ;
- aller à la cantine à midi, lorsqu'il y a plus de monde ;
- se rendre à la cantine avec un seul collègue ;
- se rendre à la cantine avec plusieurs collègues ;
- entrer dans la salle en fixant une table de collègues ;
- entrer dans la salle en fixant une table de collègues et leur faire un petit signe de la main ;
- entrer dans la salle en regardant partout ;
- entrer dans la salle et faire un sourire à tous ceux qui lui témoignent un geste d'amitié.

Sylvain a mis plusieurs semaines pour réussir à franchir ces différentes étapes. Il a pu constater qu'il arrivait maintenant à gérer la situation, que même si des symptômes gênants apparaissaient, il savait « faire », ce qui le rassure totalement. Il signale aussi que, depuis qu'il retourne à la cantine, de nombreux collègues viennent le saluer... Et certains lui demandent de partager la même table.

Vous pouvez également faire ce genre d'exercice en imagination. La méthode est très voisine, mais il s'agit de situations déjà vécues. Dans tous les cas, il faut commencer par se mettre en relaxation « flash ».

Antoinette redoute de plus en plus les entretiens. À chacun d'eux elle se met à trembler, elle transpire, a des bouffées de chaleur, parle d'une manière saccadée, ce qui exaspère souvent la personne en face, si bien que la plupart du temps elle n'est pas retenue pour le poste qu'elle espérait.

Aujourd'hui Antoinette n'ose plus se rendre aux entretiens et pratique ce que l'on appelle de l'« évitement ».

Elle a élaboré sur son cahier le thermomètre des peurs que voici :

- répondre à une annonce ;
- recevoir une réponse ;
- se rendre sur le lieu de recrutement ;
- entrer dans la salle ;
- se retrouver face à quelqu'un d'avenant ;
- se retrouver face à quelqu'un de désagréable ;

- dire bonjour à la personne ;
- commencer l'entretien ;
- terminer l'entretien ;
- en parler avec les autres ;
- attendre la réponse ;
- relancer par téléphone le recruteur.

Antoinette s'est appliquée à réaliser régulièrement cet exercice jusqu'à ce que son niveau d'anxiété ne dépasse pas 4 sur une échelle de 0 à 10. Elle s'est rendue avec beaucoup plus de courage à des entretiens, ce qui lui a permis de trouver un nouveau CDI.

À retenir

Lorsqu'une situation est difficile à accepter ou même douloureuse, il ne faut surtout pas chercher à l'éviter, comme le font la plupart des gens. Il faut, au contraire, l'affronter dans le calme, l'accepter et la surmonter. Le simple fait de diviser une situation en étapes progressives va vous permettre d'acquérir, à chaque niveau, des procédures positives et des compétences personnelles qui feront que la situation deviendra réalisable sans désagrément. Vous pourrez ainsi la revivre ultérieurement sans difficulté, ce qui augmentera votre confiance en vous.

Le training *autogène de Schultz*

Vous pouvez retrouver cette méthode que nous avons déjà étudiée dans le chapitre 6 sur le programme de gestion du stress.

Agir sur la façon de penser : la restructuration cognitive

« Il est dans la nature humaine de penser sagement et d'agir de façon absurde. »

Anatole France

La méthode du cercle vicieux ou « cercle rouge »

Cette approche permet de comprendre comment un problème évolue, s'accélère et surtout s'entretient avec une nette tendance à se reproduire.

Cette méthode va vous expliquer comment l'esprit fonctionne face à une situation déclenchante, situation qui provoque un état de mal-être ou une émotion que vous devrez déterminer. Voir schéma synthétique « Le cercle vicieux » dans le cahier central, p. IV.

Première étape : reconnaître l'émotion (ce que je ressens)

On l'a vu, les émotions sont indispensables à notre survie et s'accompagnent de réactions physiques plus ou moins agréables et plus ou moins fortes. Il nous est difficile de dissimuler nos émotions, elles se manifestent sur notre visage et à travers notre comportement. L'émotion apparaît généralement brusquement et se répand souvent à travers le corps sans pouvoir être contrôlée.

Les émotions nous animent en permanence. Si, la plupart du temps, elles ne nous posent aucun problème parce qu'elles passent inaperçues, au contraire dans certaines situations bien définies elles se manifestent d'une manière pénible, ce qui nous incite à chercher à les évacuer ou les modifier pour limiter leur pouvoir négatif. La violence d'une émotion nous informe de l'importance de ce que nous sommes en train de vivre.

Il existe deux possibilités dans leur déclenchement : elles peuvent survenir lors d'un contact avec le monde extérieur, c'est ce que l'on appelle le « déclenchement externe ». À l'inverse, elles peuvent également provenir d'un « déclenchement interne », qui correspond à la façon dont nous avons reçu l'information ; c'est en fait ce qui se passe en nous.

Les émotions sont plus ou moins plaisantes, mais toutes sont utiles. Tout dépend de la faculté que nous aurons à les traiter…

Actuellement, il paraît beaucoup plus efficace de comprendre son émotion et de l'accepter, car elle peut être un outil d'une grande valeur, même si, dans la plupart des cas, nous cherchons plutôt à la transformer, la rejeter ou encore l'empêcher d'agir.

Nos émotions permettent de mettre du piquant dans nos échanges et de nous faire comprendre. Elles enrichissent notre vie, elles nous donnent un sens, elles traduisent un sentiment, elles nous poussent à entrer en action.

Deuxième étape : rechercher la pensée automatique (ce que je me dis)

Notre cerveau ne cesse d'émettre des pensées automatiques. Elles ne s'expriment pas, elles sont intérieures et sont directement en relation avec l'émotion en cause. Elles sont appelées « automatiques » car elles surgissent de notre cerveau, elles nous passent par l'esprit et, la plupart du temps, nous n'y faisons pas attention. C'est ce qu'on pourrait appeler les pensées « ricochet », c'est-à-dire sans conséquences. En revanche, certaines pensées sont rattachées à un état émotionnel et seront toujours réactivées dans les mêmes situations. Elles vont entraîner un certain type de comportement.

On l'a vu précédemment, il existe souvent un rapport étroit entre l'émotion et la pensée automatique. Si l'émotion est la colère, la pensée automatique sera de type colérique. Il en est de même pour la peur ou la tristesse.

Si l'émotion est :

- la colère → la pensée automatique pourrait être : « J'en ai marre, je suis très en colère ! »
- la tristesse → la pensée automatique pourrait être : « Je me sens triste, la vie n'est pas marrante... »
- la peur → la pensée automatique pourrait être : « Je me sens en danger, il va m'arriver quelque chose. »

« Une pensée est une idée de passage. »

Pythagore

Exercice

Prenez votre cahier. Cet exercice, simple, comporte quatre phases, indispensables à réaliser chaque fois que vous avez une pensée automatique négative.

Vous allez acquérir ainsi une technique facile qui vous permettra de vivre autrement.

Écrivez sur votre cahier votre pensée automatique négative en rouge.

Phase 1

Notez en pourcentage votre croyance dans cette pensée automatique, puis évaluez l'ensemble des avantages et des inconvénients qu'elle contient :

Avantages	Inconvénients
–	–
–	–
–	–

Marie est convoquée par son supérieur hiérarchique qui lui propose un nouveau poste avec plus de responsabilités. Elle commence à stresser et se dit souvent : « Je ne suis pas à la hauteur pour ce poste, je vais faire des erreurs. » Croyance dans cette pensée automatique : 90 %. Elle évalue alors les avantages et les inconvénients de cette croyance :

Avantages	Inconvénients
« Je ne me remets pas en question. » « Je ne stresse pas. » « Je ne prends pas de risque. »	« Je ne progresserai pas. » « Je n'aurai aucune reconnaissance. » « Je vais me faire mal voir. » « Je risque de finir dans un placard. » « Je n'aurai plus de promotion. »
Estimation du bénéfice à penser ainsi : 30 %	Estimation des torts à penser ainsi : 90 %

Vous voyez déjà, à travers cette phase, que les inconvénients de penser ainsi l'emportent nettement sur les avantages.

Phase 2

Imaginez que vous parliez de cette proposition de poste à un ou une amie, que vous dirait-il/elle ?

Dans l'exemple de Marie, sa meilleure amie la féliciterait et l'encouragerait sans aucun doute à accepter cette promotion.

Cette étape montre bien que le jugement que nous portons sur nous-même est toujours trop sévère et négatif.

Phase 3

Inscrivez sur votre cahier toutes les réalisations que vous avez réussies dans votre vie. Vous pourrez très vite constater que votre pensée automatique, « Je ne suis pas à la hauteur », n'est pas fondée.

Phase 4

Reformulez en vert votre pensée automatique initiale, en tenant compte de tous les arguments que vous avez découverts au cours de l'exercice.

Dans le cas de Marie, sa nouvelle pensée, plus réaliste, pourrait être : « Si l'on me propose ce nouveau poste, c'est que l'on me fait confiance. Je vais donc mettre toute mon énergie pour assumer mes nouvelles responsabilités. »

En sortant de sa convocation, Marie n'envisageait pas d'accepter ce nouveau poste. Après avoir réalisé cet exercice, elle a finalement accepté le challenge. Et elle est aujourd'hui ravie de l'avoir fait.

Troisième étape : décrire le comportement (ce que je fais)

Il s'agit de l'ensemble des réactions objectivement observables chez un individu. Le comportement sera fonction de l'émotion et de la pensée automatique. Si l'émotion est la colère, le comportement sera plutôt colérique ; si l'émotion est la tristesse, nous aurons un comportement triste ; et si nous sommes dans la peur, le comportement sera plutôt de retrait ou de défense.

Comportement = émotion + pensée automatique.

Il faut bien comprendre que le comportement sera fonction de l'intensité de l'émotion. C'est pourquoi nous vous conseillons d'évaluer vos différentes émotions sur une échelle de 0 à 10, comme nous l'avons vu précédemment :

- la zone de 0 à 5, appelée « zone verte », correspond à une situation où la gestion de l'émotion ne pose aucun problème ;
- la zone de 5 à 7, appelée « zone orange », correspond à une situation qui devient délicate ;
- la zone de 7 à 10 est dite « rouge » : l'émotion va entraîner un comportement de plus en plus difficile à contrôler au fur et à mesure que l'on se rapproche du point 10. À 10, il y a généralement une perte totale de contrôle.

Voir schéma « Échelle d'évaluation émotionnelle » dans le cahier central, p. IV.

Si votre colère monte en intensité dans la zone 9/10, vous risquez, par exemple, de vous disputer d'une façon incorrecte avec quelqu'un, de crier très fort sur vos enfants, ou encore de répondre d'une manière déplacée à votre supérieur hiérarchique, ce qui peut vous porter préjudice.

Nous allons, à travers cet ouvrage, vous apprendre à toujours vous situer dans une zone émotionnelle « gérable » et à ne jamais atteindre l'« explosion émotionnelle » qui est dangereuse, dont les conséquences sont souvent graves.

Quatrième étape : évaluer les conséquences

Elles sont de deux types :

- les conséquences sur soi ;
- les conséquences sur les rapports avec autrui. Très vite, vous allez constater que ces conséquences vont réactiver la boucle et provoquer un renforcement négatif.

Le cercle vicieux naît du fait que les conséquences d'une situation mal gérée vont réactiver l'émotion de départ. Ensuite, il s'emballe.

Bernard, à la suite d'un licenciement, doit passer un entretien. Il se sent de plus en plus stressé à l'idée de se rendre à cette convocation.

Situation déclenchante : « Je dois me rendre à l'entretien. »

Émotions :

- peur ;
- boule dans la gorge ;
- panique.

Pensées automatiques :

- « Je n'y arriverai pas. »
- « Il ne va pas me recruter. »
- « Je vais rester au chômage. »

Comportement : insomnie la veille au soir.

Conséquences :

- sur lui : baisse de la confiance en lui ;
- sur les relations avec les autres : conflit à la maison.

Nous voyons bien, à travers cet exemple, que les conséquences de la situation de départ vont réactiver les émotions, lesquelles vont monter en intensité et reproduire indéfiniment ce « cercle rouge » avec, à chaque fois, des pensées automatiques de plus en plus négatives, un comportement de moins en moins adapté et des effets de plus en plus néfastes.

Il faut être conscient qu'en restant dans cette problématique, nous allons nous promener d'un « cercle rouge » à un autre « cercle rouge » avec d'autres émotions, donc d'autres pensées automatiques, d'autres comportements, et ainsi d'autres résultats qui vont à chaque fois aggraver la situation, entraînant un risque majeur de création de boucles de rumination.

Dans un premier temps, les cognitions sont plutôt orientées sur la situation en cause (« Je n'y arriverai pas » ou « Je vais rester indéfiniment au chômage »). Plus le cercle va s'emballer, et plus les pensées automatiques vont représenter ce que l'on pense de soi à travers son schéma « prédominant ».

- Si l'on pense : « Je suis nul, je ne vaux rien », on s'oriente vers un schéma « échec » ou « manque d'estime de soi ».

- Si l'on pense : « Je suis toujours élimé, jamais intégré », ce sera plutôt un schéma « exclusion ».

Comment passer du « cercle rouge » au « cercle vert » ?

Tout se passe au niveau du rapport émotion/cognition ; c'est à ce niveau que tout peut être modifié. L'objectif est de transformer la pensée automatique négative en pensée alternative, comme nous l'avons déjà évoqué dans le chapitre 6. Il vous suffit, pour cela, de prendre du recul, en quelque sorte de sortir de la scène et de devenir spectateur pour revoir la situation autrement.

Attention, cette pensée alternative doit toujours être rationnelle, logique et, si possible, justifiable, ce qui est rarement le cas de la pensée automatique. Il faut également se méfier de la pensée dite « rassurante », qui n'a aucun avantage et ne rassure souvent que celui qui l'exprime.

Pour bien comprendre cette méthode, imaginez-vous sur l'autoroute, conduisant à 130 km/h en quatrième vitesse. Vous allez vite constater que le moteur fait beaucoup de bruit, rendant toute discussion pénible, que la voiture consomme trop d'essence et que l'aiguille du compte-tours est dans le rouge. Vous allez donc passer la cinquième vitesse. Lorsque vous sentez que vous êtes dans le « cercle rouge », nous vous invitons à passer la cinquième, c'est-à-dire à utiliser la pensée alternative. Au début, ce travail est assez difficile car, tant que vous vous trouvez en zone émotionnelle élevée, votre cerveau éprouve beaucoup de difficultés à trouver ces pensées rationnelles. Le fait d'appliquer régulièrement cette méthode vous permettra très vite de constater une nette amélioration, ce qui vous incitera à poursuivre dans ce sens au quotidien. C'est un travail d'apprentissage.

La pensée alternative va permettre de baisser l'intensité émotionnelle, donc de modifier le comportement, qui deviendra adapté. Les conséquences seront nettement plus positives et, surtout, elles n'auront plus tendance à relancer l'émotion.

Cahier central : procédures et exercices pour mieux réaliser votre changement

Comment bien choisir sa voie au travail

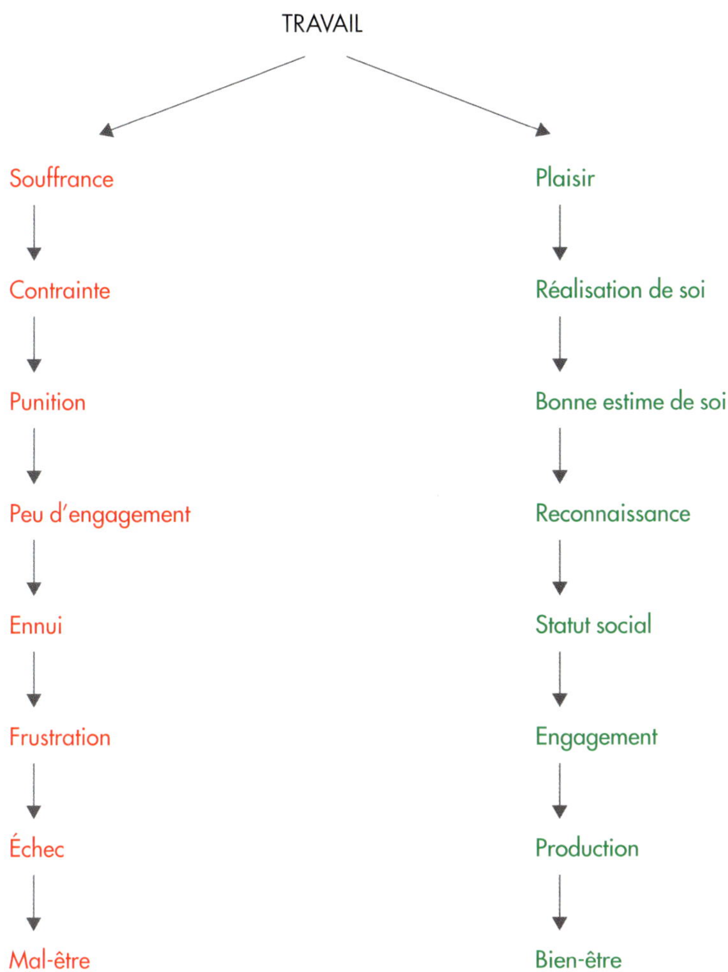

Le cercle vertueux de la pleine conscience

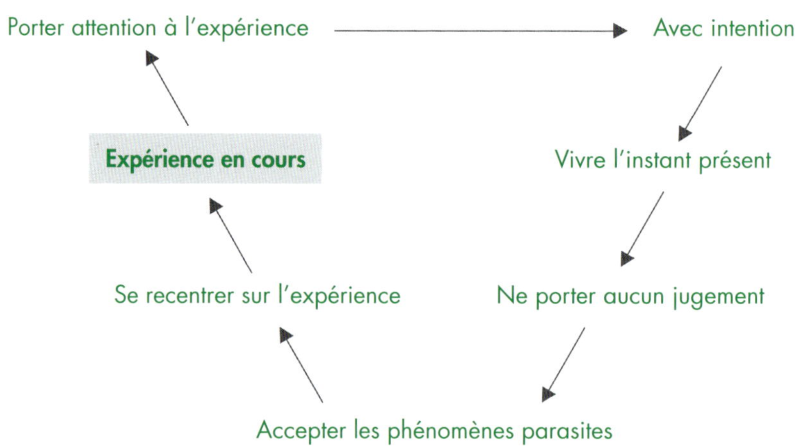

Le traitement de l'information

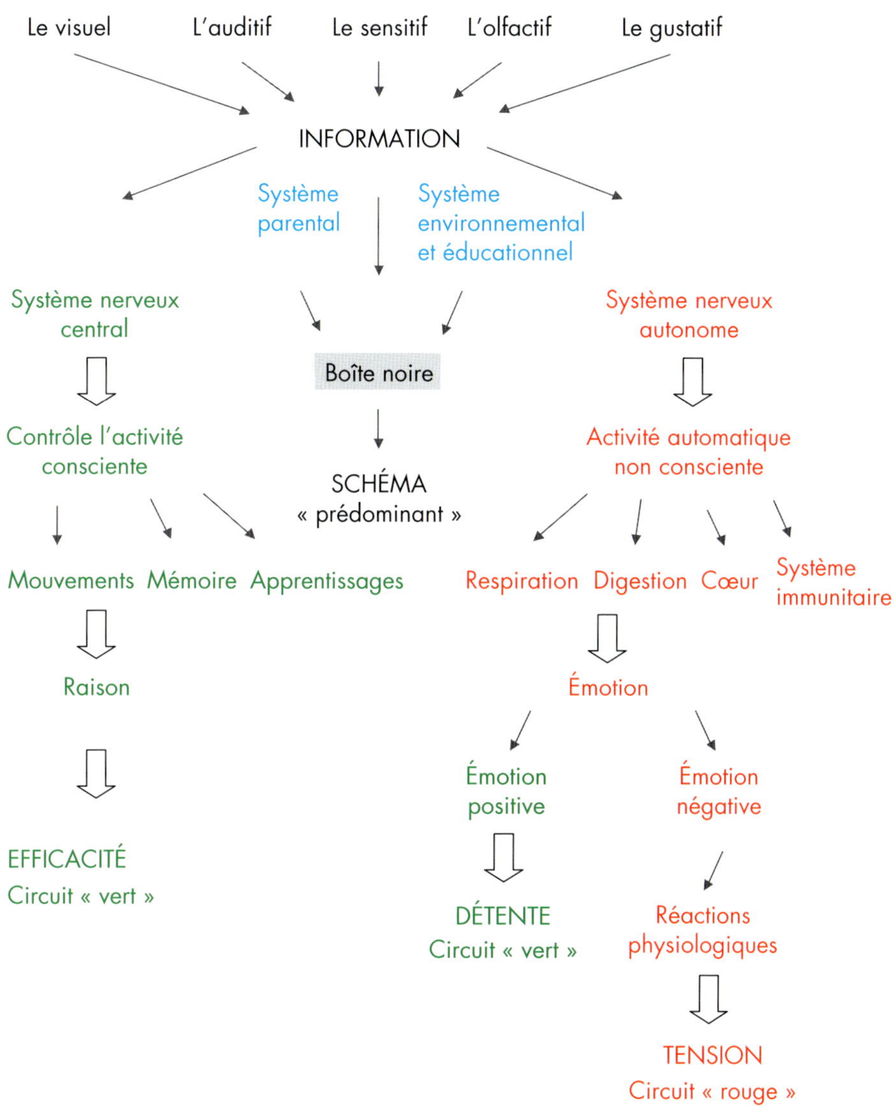

Le cercle vicieux

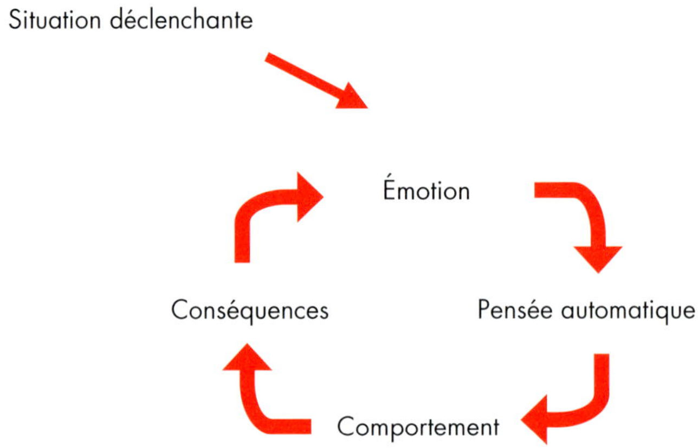

Échelle d'évaluation émotionnelle

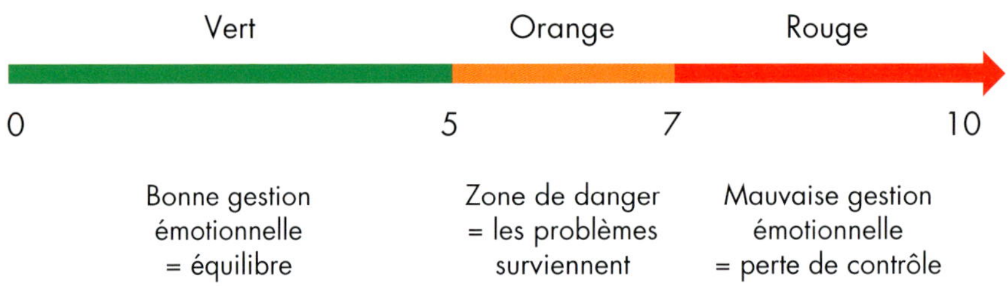

Du cercle vicieux (rouge) au cercle vertueux (vert)

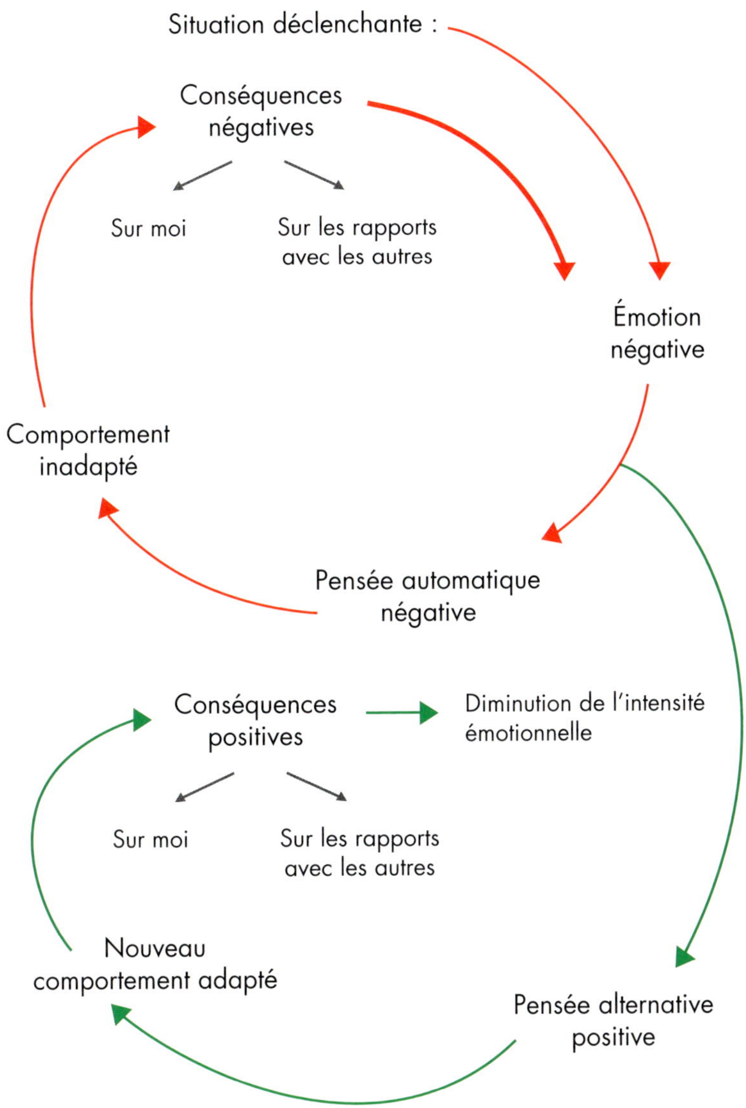

Illustration : du cercle vicieux (rouge) au cercle vertueux (vert)

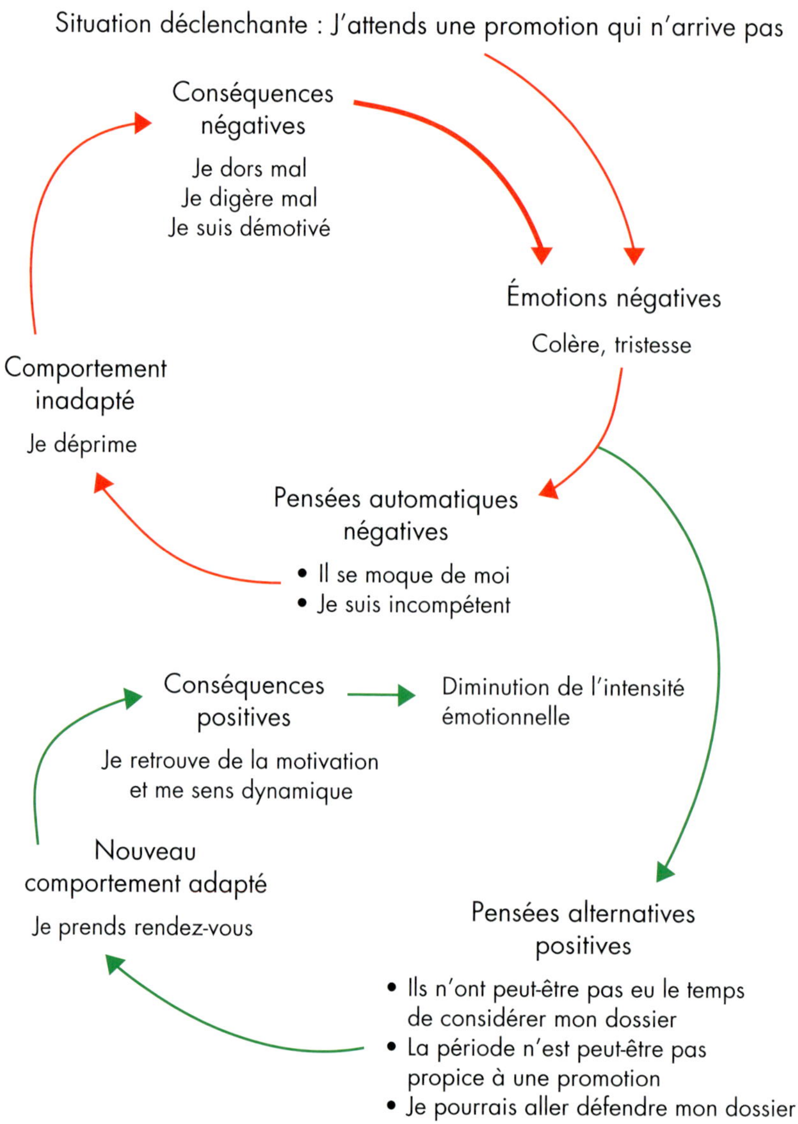

Le cercle vertueux du bien-être au travail

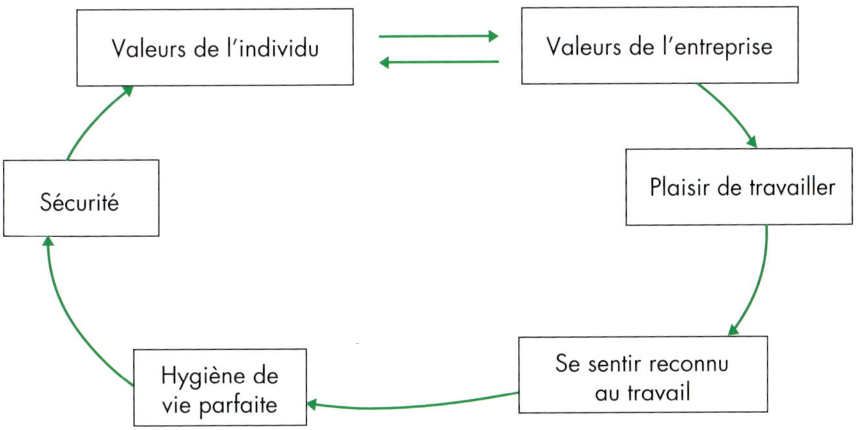

Vous allez reporter chacun des trois cercles sur votre cahier. Complétez le cercle rouge, puis après réflexion vous chercherez le cercle vert.

Première situation : mon supérieur hiérarchique critique le projet que je lui propose.

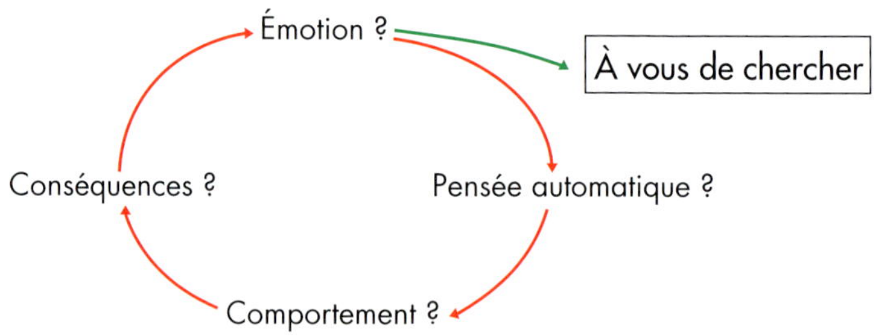

Deuxième situation : il est dimanche soir, j'ai le « blues » de redémarrer une nouvelle semaine.

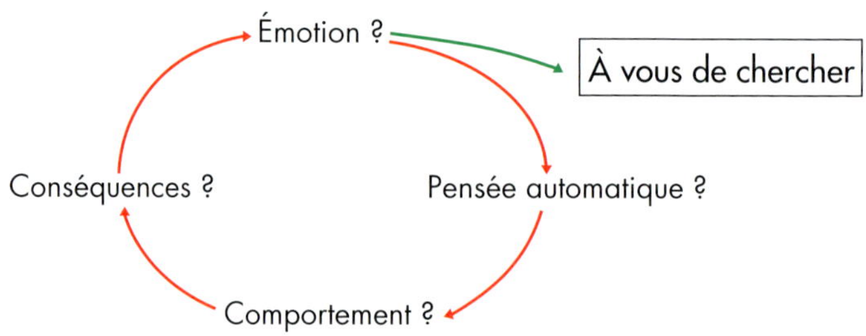

Troisième situation : je n'obtiens pas les résultats fixés par ma hiérarchie.

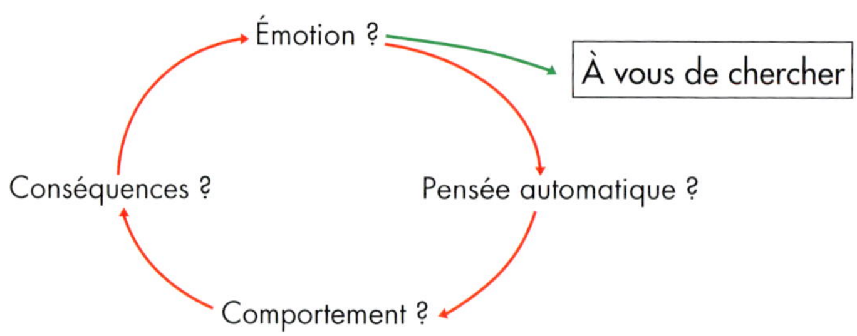

Si nous reprenons l'exemple cité plus haut de Bernard face à son futur entretien, sa pensée alternative pourrait être : « Lorsque j'ai passé mon dernier entretien, j'ai été embauché » ou « Je vais me préparer le mieux possible pour avoir toutes mes chances. » Dans ce cas, les émotions initiales seront beaucoup moins fortes et le comportement, du coup, s'en trouvera différent, plutôt actif et motivant. On parlera ici d'un « comportement adapté », avec des conséquences qui ont toutes les chances d'être positives.

Nous vous invitons à faire tous les jours ce type d'exercice sur votre cahier. Vous réaliserez très vite que vous pouvez penser autrement, et ainsi acquérir des comportements nouveaux, plus rationnels.

Voir schéma « Du cercle vicieux (rouge) au cercle vertueux (vert) » dans le cahier central, p. V.

Bernadette travaille dans une banque depuis plus de vingt ans. Son salaire a peu évolué, elle ne se sent donc pas valorisée, d'autant que la plupart de ses proches collègues ont obtenu un avancement. Elle attend une promotion depuis plusieurs mois, qui lui a été promise. Elle espère que bientôt viendra l'heure de cette promotion tant attendue qui lui permettra de reprendre confiance en elle, et donc de retrouver une motivation qui s'est réduite avec le temps. À l'heure actuelle, son sommeil est perturbé, ses troubles digestifs s'accentuent, son moral se dégrade. Le matin, elle a la sensation de ne plus pouvoir avancer.

Voir schéma « Illustration : du cercle vicieux (rouge) au cercle vertueux (vert) » dans le cahier central, p. VI.

Pour bien assimiler cette notion de cercle vicieux et de cercle vertueux, nous vous proposons trois exercices qui se trouvent dans le cahier central, p. VIII. Bon travail !

Chapitre 8

Les techniques **comportementales**

L'objectif de ces techniques est de pouvoir rester assertif en toutes circonstances, afin d'optimiser tout compromis et d'installer un échange gagnant-gagnant, alors que, bien trop souvent, toute situation risque d'évoluer sur un mode gagnant-perdant ou perdant-gagnant ou, pire encore, perdant-perdant, ce qui ne satisfait aucun des partenaires ou tout au plus un seul sur deux. Ces techniques correspondent au savoir-faire.

Cela nous amène tout naturellement à présenter les différents types de comportements.

Qu'est-ce qu'un comportement ?

Le comportement passif

Il concerne un individu qui, généralement, subit les situations, n'agit pas et ne prend aucune décision. Il ne réagit pas, a tendance à perdre confiance en lui, n'intervient que rarement dans les discussions, ne se fait pas respecter, et se trouve ainsi souvent « frustré ».

Cet individu parle doucement, son timbre de voix est faible. Il est hésitant, son regard est plutôt fuyant ; il a du mal à regarder son interlocuteur en face. C'est en quelque sorte quelqu'un qui n'ose pas, et qui vit un terrible sentiment d'injustice et la sensation qu'on profite de lui en permanence.

Exercice

Notez sur votre cahier le nom d'une personne proche de vous qui a un comportement passif et décrivez-le en détail : son attitude, sa voix, son regard, ses gestes et la « distance de sécurité » qu'elle conserve.

Le comportement agressif

C'est l'inverse, il concerne un individu qui s'impose, qui est toujours dans l'action, qui décide pour les autres, qui donne l'impression d'avoir une très forte confiance en lui et une forte estime de soi. Il est toujours présent partout, rien ne l'arrête. Il ne respecte pas le droit des autres.

Cet individu parle vite, son timbre de voix est puissant et direct. Son regard est tendu et très expressif, il vous fixe avec insistance. C'est quelqu'un qui s'impose et qui profite des autres.

Exercice

Notez sur votre cahier le nom d'une personne proche de vous qui a un comportement agressif et décrivez-le en détail : son attitude, sa voix, son regard, ses gestes et la « distance de sécurité » qu'elle conserve.

Le comportement assertif

Le concept d'« assertivité » vient de l'anglais « *assertiveness* », substantif formé à partir du verbe « *to assert* » qui signifie : « Se faire respecter, savoir défendre ses droits, défendre ses opinions. » Il s'agit d'une personne qui défend ses droits tout en respectant les droits des autres.

C'est un actif, toujours dans le partage. Il n'impose pas, il propose. La relation est constructive, ce n'est pas un intrus. Il est calme, parle d'un timbre clair et précis, ses formulations sont sans équivoque, compréhensibles et concises, rendant le dialogue intelligible et cohérent, dans l'harmonie.

C'est ce comportement assertif qui permettra de s'affirmer, de se faire respecter et de signer des contrats.

Tableau récapitulatif

Comportement passif	Comportement assertif	Comportement agressif
Peu expressif	Respect mutuel	Violent
N'ose pas	Action efficace	Qui s'impose
Peu d'actions	Constructif	Profiteur
Manque de confiance en soi	Bonne confiance en soi	Confiance en soi surestimée
Indécis	Décisionnaire	Irrespectueux
	Équilibré	

Les techniques d'interaction sociale

Ce sont des techniques de développement personnel. Elles permettent à chacun de mieux comprendre comment il fonctionne, sur les plans émotionnel, cognitif, mental et comportemental. Elles permettent aussi de déterminer quels rapports chacun entretient avec lui-même, avec autrui et avec son travail, dans le but d'améliorer sa dynamique, sa performance, son harmonie intérieure et sa créativité.

L'enjeu essentiel est de raccorder des objectifs individuels tels que l'estime de soi, la confiance en soi, le bien-être et la reconnaissance avec des objectifs structurels comme l'efficacité, la productivité ou encore le rendement.

Savoir faire une demande

Il est important de savoir demander, car c'est un moyen pour vous de montrer aux autres que vous existez. Si vous ne demandez jamais rien, on ne vous donnera jamais rien et vous aurez l'impression d'être isolé, ignoré. Cela risque de baisser votre estime de soi, et donc votre confiance en vous, ce qui correspond à un renforcement négatif. À l'inverse, le fait de demander et d'obtenir augmente votre confiance en vous, qui devient un renforçateur positif.

Pour faire une demande, il est nécessaire de choisir le moment opportun. Pour cela, deux conditions sont indispensables.

1. Être soi-même prêt à exécuter cette demande. Il faut donc être dans un état physiologique performant et avoir des pensées automatiques positives, « vertes ». Sinon, le résultat risque d'être décevant.

> Si vous êtes angoissé, cela va se ressentir au niveau de votre comportement. Vous allez diminuer vos chances d'obtenir ce que vous désirez si vos pensées automatiques sont négatives, « rouges ».
>
> • « Je ne vais pas oser. »
> • « Je ne vais pas obtenir. »
> • « Qu'est-ce que l'autre va penser ? »
> • « Je ne le mérite pas. »
> • « Ce n'est pas possible. »
> • « Je ne suis pas correct. »
>
> Il est évident que vous allez alors vous mettre dans une situation qui risque d'évoluer défavorablement.

2. Il faut analyser la position de l'autre d'une façon détachée, sans aucun jugement, sans interprétation et, si possible, sans trop d'émotions, car une décharge émotionnelle violente risque de modifier votre comportement et, dans le même élan, le comportement de l'autre, entraînant un risque de détérioration de la relation. Il est donc important de créer un climat d'empathie qui permet très vite d'entrevoir la réalité de l'autre.

Pour faire une demande, il est conseillé d'avoir un comportement assertif, ce qui permettra d'exprimer et de faire respecter ses droits.

Plusieurs cas de figure peuvent se présenter à vous lorsque vous faites une demande :

- si l'autre est passif : il ne se passe rien ;
- si l'autre est assertif : la demande sera acceptée sans problème, le compromis est acquis ;
- si l'autre est agressif : il y a un risque de clash ;
- si vous êtes passif : vous n'oserez pas demander ou vous n'avancerez pas les arguments qui vous permettront d'obtenir ce que vous souhaitez ;
- si vous êtes agressif : vous n'obtiendrez probablement rien ou sous la menace, ce qui n'est pas acceptable.

Conseil

Il ressort de cette analyse que, pour faire une demande, il est vivement conseillé d'être assertif et d'essayer, par tous les moyens, de rendre l'autre assertif :

- en valorisant son côté « passif » ; en lui demandant son point de vue, en lui expliquant qu'il est très utile qu'il intervienne et qu'il propose quelque chose ;
- et en calmant son côté « agressif » ; en comprenant son émotion, mais en lui suggérant d'agir en recourant à une émotion autre que la colère, par exemple.

Toute cette procédure va permettre d'établir un rapport participatif, une relation saine, ouverte, symétrique et constructive qui aboutira toujours à un compromis bipartite.

Conseil

Comment demander ?

1. Pour faire une demande, il faut commencer par dire « je » et non « on », puisqu'il s'agit d'une demande personnelle, et se montrer chaleureux en disant par exemple :
   - « Je souhaite… »

- « J'aimerais… »
- « J'espère… »

2. Il faut être clair et précis dans l'énoncé afin que le message perçu soit le plus semblable possible au message émis. Plus vous rajoutez des mots inutiles ou trop d'informations dans le même message, plus vous augmentez le risque de distorsion, donc d'erreur.
3. Il faut être empathique, c'est-à-dire s'identifier à l'autre et chercher à comprendre son ressenti émotionnel : « Je comprends que ça puisse te gêner. »
4. Il faut exprimer les conséquences d'une acceptation éventuelle :
   - « Ça me fait plaisir. »
   - « C'est important pour moi. »
5. Il ne faut pas se justifier, en tout cas dans un premier temps, car lorsque vous cherchez à vous innocenter, vous donnez tous les arguments à votre interlocuteur pour qu'il puisse avec facilité refuser votre demande. Toute justification peut avoir lieu dans des situations bien précises ou si on vous l'ordonne comme condition pour accepter la demande.
6. Il faut persister lorsque la demande ne débouche pas. Vous pouvez alors utiliser la « technique du disque rayé », qui consiste à répéter plusieurs fois la même chose jusqu'à ce que l'interlocuteur manifeste une réponse. On croit souvent que cette méthode va agacer l'autre, mais il n'en est rien et il ne faut pas hésiter à l'employer régulièrement.
7. Enfin, il est essentiel de toujours finir par une formulation positive comme : « Je serai très content si tu acceptes de me remplacer demain matin. »

Attention

Demander ne veut pas dire obtenir, et un refus ne doit pas être vécu comme une punition, ce qui diminuerait votre confiance en vous et vous empêcherait de faire de nouvelles demandes. Un refus doit être considéré comme une impossibilité à un instant « T ».

Exercice

Notez sur votre cahier les quelques exercices suivants, puis faites-les :

- demander à un collègue de parler moins fort ;
- demander à mon supérieur hiérarchique si je peux sortir plus tôt ;
- demander à mon supérieur hiérarchique un entretien ;
- demander un changement de poste ;
- demander un changement d'emploi du temps ;
- demander une mutation dans une autre région.

Savoir dire non ou refuser

Refuser est une chose difficile à faire. Nous n'osons pas dire non et nous avons raison, car, dans la plupart des cas, nous ne savons pas le faire correctement. Il est important de bien comprendre quelle est la méthode à utiliser, puisque savoir dire non est très utile dans la vie relationnelle ; celui qui ne sait pas dire non va souvent se retrouver dans des situations pénibles, qui vont déclencher des émotions gênantes comme la colère, l'angoisse, la culpabilité, la frustration, l'échec, le dégoût, voire la haine. Il s'agit donc d'une méthode indispensable à maîtriser.

Généralement, on n'ose pas refuser pour faire plaisir à l'autre. Mais n'est-il pas plus important, en première intention, de se faire plaisir à soi, pour pouvoir faire plaisir à l'autre ? Le fait de toujours essayer de plaire aux autres risque, à la longue, de ne faire que des mécontents, et votre image ne sera alors pas celle que vous souhaitiez avoir.

On peut aussi avoir peur de faire de la peine à l'autre en refusant sa demande, et craindre de n'être plus aimé comme auparavant.

Très vite, vous allez comprendre qu'en ne sachant pas dire non, vous allez vous sentir exploité, utilisé et que vous n'intéresserez les autres que pour ce que vous leur donnez, et non pour vous-même. Vous pouvez imaginer votre déception…

Pourquoi est-ce si difficile de refuser ?

Tout simplement parce que le fait de dire non risque de déclencher des pensées automatiques négatives, « rouges », comme :

- « Que va-t-il penser ? »
- « Ça va le gêner. »
- « Il n'aura plus confiance en moi. »
- « Il ne va plus m'aimer. »
- « Je ne suis pas sympathique avec lui. »
- « Ça va l'empêcher de… »
- « Cela va entraîner un conflit. »
- « Comment vais-je justifier mon refus ? »
- « Ai-je le droit de refuser ? »

Toutes ces pensées automatiques sont fonction de votre schéma « prédominant » :

- si vous êtes dans le schéma « carence affective », vous risquez de penser « Il ne va plus m'aimer » ;
- si vous êtes dans le schéma « exclusion », vous penserez plutôt « Si je refuse, il va me rejeter. »

Pour refuser d'une façon empathique, il est nécessaire de travailler sur ses pensées alternatives « vertes » comme :

- « Refuser est un droit. »
- « Il peut comprendre que je refuse. »
- « On ne peut pas toujours dire oui et tout accepter. »
- « Le fait de refuser ne signifie pas que je lui veux du mal. »
- « Il a le droit de me demander, moi j'ai le droit de refuser. »

Conseil

Pour dire non, il faut donc :

- savoir bien écouter et prendre la décision ferme de refuser ;
- exprimer sa réponse avec clarté, sans ambiguïté ni hésitation ;
- se montrer empathique, c'est-à-dire comprendre les difficultés qui peuvent résulter chez l'autre ;
- ne pas se justifier dans tous les cas ;
- proposer, si possible, une situation de remplacement avec une recherche de compromis.

Bastien, 38 ans, est infirmier dans un groupe hospitalier. Nous sommes lundi matin, il rencontre son collègue Aurélien qui lui demande de le remplacer pour sa garde de samedi soir, car son père fête ce jour-là ses 70 ans.

Le problème est le suivant : Bastien a promis à sa famille de l'emmener ce week-end à la montagne pour faire du ski. Tout est organisé et tous se réjouissent déjà de cette excursion.

Deux cas se présentent :

- soit Bastien accepte de remplacer Aurélien pour lui faire plaisir, en se disant qu'il s'agit des 70 ans de son père et qu'il doit lui laisser la possibilité d'y aller. Conséquence, sa femme et ses enfants seront très déçus et lui en voudront ;
- soit Bastien refuse de remplacer Aurélien. Il se sentira gêné à l'idée que ce dernier ne puisse pas assister à l'anniversaire de son père et, en plus, il risque de se fâcher avec lui. En revanche, toute sa famille sera heureuse de pouvoir profiter de ce week-end au ski promis de longue date.

Alors, que faire ?

Bastien annonce à son collègue : « Aurélien, je te remercie de me faire confiance pour assurer ta garde de samedi prochain. Crois bien qu'étant donné nos rapports amicaux je serais très heureux de te rendre ce service, mais samedi je ne suis pas disponible. »

Si Aurélien insiste, Bastien doit être ferme et clair dans sa réponse. Il ne doit pas se justifier et il peut utiliser la méthode du « disque rayé », qui consiste à reformuler la réponse initiale. Par exemple : « Aurélien, comme je viens de te l'expliquer, c'est avec plaisir que j'aurais accepté ta demande. Mais je te rappelle que je ne suis pas disponible à cette date. »

Il est toujours souhaitable d'essayer de proposer une solution : « Aurélien, as-tu pensé à demander à Brigitte de te remplacer samedi ? Je crois savoir qu'elle n'a rien de prévu. » Cette méthode est très intéressante car elle se solde par un état gagnant-gagnant : Aurélien se fera remplacer par Brigitte et pourra ainsi assister à l'anniversaire de son père, et Bastien satisfera sa famille en se rendant comme prévu à son séjour de ski.

Comment faire un compliment ?

Il n'est pas toujours facile de faire un compliment. Il faut tout d'abord être sincère et juger si l'autre est apte à le recevoir sans être gêné.

Il est nécessaire de complimenter les autres, mais il faut que ce compliment soit rationnel, logique et justifiable. Sinon, il risque d'être considéré comme faux ou comme une tentative de manipulation.

Un compliment peut porter sur un comportement, ce qui est différent d'un compliment qui concerne la personnalité d'autrui. Dans ce cas, il y a beaucoup plus d'émotion et de sentiment de part et d'autre. Lorsque le compliment porte sur un comportement ou sur un acte, il est nécessaire de rassurer l'autre et de lui témoigner sa loyauté, afin d'éviter toute interprétation négative de sa part. Si le compliment concerne la personnalité, il faut être prudent et manifester de l'honnêteté, de la probité et de l'authenticité pour ne pas réveiller le schéma « prédominant » qui somnole en chacun de nous.

Un compliment doit servir de renforcement positif, c'est-à-dire qu'il doit donner l'envie à l'autre de reproduire le même genre de comportement ou d'acte pour obtenir la même récompense, car tout comportement ne peut perdurer que s'il est récompensé.

Bernard à Martin : « Martin, je suis très satisfait du travail que tu viens d'exécuter, c'est parfait. »

Ou encore : « J'apprécie le travail que tu viens de réaliser, je sens que tu t'es vraiment impliqué. »

Conseil

Pour faire un compliment, il est vivement recommandé :

- d'être précis et direct dans la verbalisation du compliment, d'exprimer ce qui est apprécié. Il ne faut, en aucun cas, être vague, confus, hésitant, incertain ;
- de s'engager personnellement et de se sentir concerné ;
- d'exprimer son sentiment et/ou son émotion, ce qui rendra le compliment plus authentique, plus exact, et permettra ainsi à l'interlocuteur de mieux l'appréhender.

> En sortant d'une réunion, Georges dit à Edmond : « Edmond, je voudrais te dire que j'ai beaucoup apprécié ton intervention (comportement), tu as été très brillant (personnalité). Je tenais à t'en informer. »

Il existe des pensées automatiques négatives, « rouges », qui rendent l'expression d'un compliment difficile :

- « Je vais me ridiculiser. »
- « Il est normal que son travail soit bien fait, il est payé pour ça. »
- « Ça va le gêner. »
- « Ça ne sert à rien. »
- « Il ne va pas me croire. »
- « Il va se demander ce que je lui veux. »

Dans le monde du travail, il est rare d'être complimenté. C'est vraiment regrettable car le moindre renforcement positif change littéralement le comportement de l'individu. Il faut donc savoir féliciter pour donner à autrui l'envie de poursuivre dans ses efforts, de progresser, de s'investir.

On vit actuellement dans un monde où les reproches pleuvent. Ils peuvent êtres acceptés s'ils sont justifiés. Il est cependant plus pertinent de savoir reconnaître le travail accompli et de le valoriser. C'est une procédure indispensable pour retrouver l'harmonie et le plaisir au travail.

Comment recevoir un compliment ?

Il est souvent gênant, dans notre culture, de recevoir un compliment. Il nous met mal à l'aise et provoque en nous des émotions comme la méfiance, le doute, la gêne, le rougissement, la timidité, et parfois même le rejet. De nombreuses pensées automatiques négatives, « rouges », se mettent alors généralement en place, nous empêchant de bénéficier de cet éloge, ce qui déstabilise notre niveau d'estime de soi.
Par exemple :

- « Il dit cela pour me faire plaisir. »
- « Il n'y croit pas. »
- « Ce n'est pas vrai. »
- « Ça me gêne. »
- « Que cherche-t-il à obtenir ? »
- « Je vais rougir. »

Toutes ces pensées automatiques nous rendent peu réceptifs au compliment, lequel ne pourra pas nous servir de renforcement positif, ce qui est regrettable, surtout si notre niveau de confiance en nous est déjà assez bas.

Il paraît donc plus judicieux de remplacer ces pensées négatives par des pensées alternatives « vertes » comme :

- « Il m'est agréable qu'il reconnaisse ce que j'ai fait. »
- « Ses commentaires sont pertinents, véridiques et sincères. »
- « Ça me fait très plaisir. »
- « Je le mérite bien. »

Conseil

Lorsqu'on vous fait un compliment, il est recommandé de :

- savoir prêter attention à la formulation ;
- savoir accepter le compliment ;

- savoir témoigner de la reconnaissance à l'autre et lui indiquer votre satisfaction ;
- savoir exprimer l'émotion suscitée ;
- terminer avec enthousiasme.

Bernard à Martin : « Martin, je suis très satisfait du travail que tu viens d'exécuter, c'est parfait. »

Réponse de Martin : « Bernard, je te remercie, cela me fait très plaisir que tu me le dises, car j'ai fait le maximum pour ce travail. Ça me donne l'envie de poursuivre. »

Ou encore, en sortant d'une réunion, Georges dit à Edmond : « Edmond, je voudrais te dire que j'ai beaucoup apprécié ton intervention, tu as été brillant. »

Réponse d'Edmond : « Georges, je te remercie, cela me fait très plaisir que tu me le fasses remarquer. Il est vrai que j'avais bien préparé le dossier, je suis vraiment très content. »

Comment émettre une critique ?

Savoir faire une critique n'est pas chose aisée. C'est même tout un art, car l'objectif principal est de faire passer un message souvent négatif dans la douceur, sans vexer ni blesser l'autre, en lui exprimant son désaccord avec l'espoir qu'il acceptera et modifiera son comportement ou son acte pour en retirer un bénéfice. On ne doit jamais formuler une critique sur la personnalité, le résultat risque d'être désastreux.

Toute critique doit être positive et, si possible, créative. Elle doit être une aide pour l'autre et en aucun cas ne doit porter atteinte à son estime de soi et à sa confiance en lui. Ainsi, toute l'habileté, dans l'expression d'une critique, consiste à la présenter comme une aide afin que l'autre la reçoive comme une opinion positive, et non pas comme un commentaire péjoratif.

La critique doit être précise et en rapport avec des faits concrets. Il est important de choisir le moment opportun où l'interlocuteur est disponible, apte à recevoir la critique souvent négative. Il est évident que tout message défavorable n'est pas agréable à accepter, mais tout est dans la forme et dans la procédure de l'envoi.

Il n'est pas forcément nécessaire d'émettre le jugement au moment du problème. Il faut être stratégique et trouver la bonne occasion d'intervenir. Il est contre-indiqué de cumuler plusieurs critiques et, surtout, d'exposer sa critique en public.

La règle d'or est qu'une critique doit rester positive, constructive et en aucun cas entacher une bonne relation.

Conseil

Pour qu'une critique produise un effet positif, il faut :

- qu'elle soit claire, précise, explicative de la situation-problème et sans soupçon de culpabilité ;
- exprimer son ressenti face à la situation en cause ;
- ne jamais porter de jugement sur la personne, mais sur un fait précis ;
- exprimer son empathie à l'égard de l'autre ;
- proposer une ou des solutions applicables et rationnelles ;
- terminer par une note personnelle positive.

En cas d'échec, il est possible d'utiliser la méthode du disque rayé.

Quelles peuvent être les pensées automatiques négatives, « rouges », qui retiennent la critique ?

- « Il ou elle va mal le prendre. »
- « Il va se venger. »
- « Il va se vexer. »
- « Il ne va plus m'apprécier. »
- « Ça ne vaut pas la peine, ça ne sert à rien. »
- « Ça va lui faire de la peine. »

Les pensées alternatives « vertes » pourraient être :

- « Ça va lui permettre de s'améliorer. »

- « Il va pouvoir ainsi réagir. »
- « C'est une chance pour lui de pouvoir prendre conscience de son erreur. »
- « Ça va l'inciter à changer. »

> Bernadette est secrétaire de direction dans une PME. Elle est agacée par le fait que Valérie, la comptable, arrive de plus en plus souvent en retard. Cela gêne le bon fonctionnement de l'entreprise car les réunions ne commencent jamais à l'heure, ce qui décale le reste de la journée.
>
> Bernadette a de grosses difficultés à le dire à Valérie qui est hyperactive, toujours en mouvement et protégée par sa direction. Pour son bien-être, elle sait qu'elle doit en discuter avec Valérie, mais comment faire sans la vexer et créer un climat qui pourrait se dégrader ?
>
> Elle choisit d'intervenir un jour où Valérie arrive en retard, semble détendue et prête à échanger : « Valérie, je comprends parfaitement que tu aies de nombreuses activités à réaliser le matin avant de venir au travail, que la circulation est difficile et que le trajet est long, surtout depuis que tu as déménagé. Mais ce serait tellement agréable pour l'équipe et moi-même que tu arrives régulièrement à l'heure. Cela nous permettrait de commencer la journée dans la bonne humeur et l'exactitude. Valérie, je te remercie de faire le nécessaire. »

Comment accepter une critique ?

« S'irriter d'un reproche, c'est reconnaître qu'on l'a mérité. »

Tacite

Il n'est jamais très agréable de recevoir une critique négative. Il faut toujours essayer d'en tirer profit pour progresser et éviter de reproduire systématiquement les mêmes erreurs.

La façon de réceptionner une critique dépend beaucoup de votre niveau d'estime de soi :

- si votre estime de soi est haute, mais variable, vous allez interpréter la critique comme une atteinte personnelle, une injure, et réagir en la rejetant pour ne pas vous remettre en question : vous allez adopter un comportement agressif ;

- si, au contraire, votre estime de soi est basse, vous allez subir la critique. Elle va vous confirmer ce que vous pensez de négatif sur vous, votre niveau d'estime de soi va encore baisser avec un retentissement immédiat sur votre confiance en vous, qui va être déstabilisée. Vous allez alors adopter un comportement passif ;
- si votre estime de soi est bonne, vous allez optimiser la critique, la rendre productive, créative, et donc positive. Votre comportement sera assertif.

Le fait de recevoir une critique va souvent déclencher des émotions dont l'intensité peut grimper très vite et aboutir à une perte de contrôle. Ce sont généralement :

- la colère,
- la haine,
- le mépris,
- la rancune,
- la révolte ;

} Comportement agressif

- la tristesse,
- la culpabilité,
- la honte,
- l'angoisse,
- le découragement,
- la frustration,
- l'humiliation.

} Comportement passif

Toutes ces émotions se manifestent en fonction de votre niveau d'estime de soi. Il est nécessaire de les contrôler pour réagir dans le respect mutuel.

La critique peut être :

- soit inconditionnelle, c'est-à-dire qu'elle porte un avis ou une opinion sur votre personne, comme :
  - « Tu es méprisant. »
  - « Tu es un personnage odieux. »

- soit conditionnelle, c'est-à-dire qu'elle porte sur un comportement, un fait, une attitude, un acte. Elle est réelle, observable, discutable et ne porte pas préjudice à votre identité :
  - « Ton travail n'est pas correct. »
  - « Ton habillement n'est pas acceptable. »

Lorsqu'une critique est infondée, il n'y a pas lieu de répondre. Il suffit de rétablir la simple vérité.

Conseil

Pour recevoir une critique, il faut :
- écouter mot à mot, sans interrompre l'émetteur ;
- ne pas porter de jugement ;
- vérifier l'information ;
- accepter la critique lorsqu'elle est positive ;
- trouver, si possible, des solutions ;
- terminer avec empathie et positivement.

Comment enclencher une discussion ?

Dans l'apprentissage des interactions sociales, il est utile de savoir communiquer avec l'autre, c'est-à-dire apprendre à engager, puis maintenir, une conversation. Le but étant d'établir des liens avec autrui, de chercher à le connaître et de pouvoir ensuite échanger des idées sur un sujet tout en se respectant l'un l'autre.

Les individus qui éprouvent de la difficulté à engager une conversation ont le plus souvent des pensées automatiques négatives, comme :
- « Je ne sais pas quoi dire. »
- « Je n'ai rien d'intéressant à dire. »
- « Je vais le déranger. »
- « Il ou elle n'a peut-être pas envie de discuter. »
- « Et si l'autre ne me répond pas ? »
- « Je vais avoir l'air ridicule. »

Conseil

Pour engager une conversation, il faut être naturel. Le plus simple est d'introduire la conversation en prenant un sujet courant qui se rapporte à la situation du moment.

Si vous arrivez sur un nouveau poste de travail, vous pourrez demander à un nouveau collègue « Depuis combien de temps travaillez-vous dans cette entreprise ? » ou : « Le collègue que je remplace est-il parti depuis longtemps ? »

Après avoir démarré une conversation, il est bon de laisser l'autre s'exprimer. Partager le temps de parole en deux, c'est respecter autrui.

Lorsque nous sommes anxieux, nous avons tendance à accélérer notre débit verbal, ce qui va bien vite gêner l'autre, lui donner l'envie d'arrêter la discussion et, de ce fait, notre conversation va s'interrompre très vite.

Pour assurer une conversation agréable et fructueuse, il est opportun de reformuler ce qu'a dit l'autre. Cela permet d'obtenir un échange beaucoup plus profond, à la fois sur le contenu et sur les émotions des deux parties.

Pour relancer une conversation, il est intéressant d'utiliser les blancs qui, généralement, font très peur, car le blanc est assez court pour ne pas « casser » le sujet de la discussion, mais suffisamment long pour prendre le temps de réfléchir et de s'adapter à l'échange en cours.

Chapitre 9

L'empathie et les **schémas au travail**

Définition

L'empathie, mot récent, est définie dans le *Petit Robert* comme : « *La capacité de s'identifier à autrui par l'émotivité.* » Elle consiste, dans un premier temps, à partager l'affectivité de l'autre grâce à une émotion qui déclenche des comportements altruistes. Cela nécessite une certaine sensibilité personnelle et une recherche des réactions de son prochain.

L'empathie a pour but de mieux comprendre l'état psychologique de l'autre, à partir de signes qu'il peut émettre comme :

- le timbre de sa voix ;
- ses expressions faciales ;
- son langage ;
- sa gestuelle ;
- son regard ;
- son attitude.

Grâce aux récents travaux des neurosciences, et notamment à la suite de la découverte des neurones miroirs qui seraient à la base des mécanismes d'imitation, de communication et de perception, la plupart des auteurs s'accordent à dire, aujourd'hui, que l'empathie est en partie innée.

Pour mieux comprendre les réactions d'une personne, il est nécessaire de déceler son émotion du moment. Le développement normal d'un individu le conduit à des marques d'empathie, laquelle ne nécessite pas d'apprentissage formulé. Il est souhaitable de la cultiver pour mieux la renforcer.

Avoir de l'empathie, ce n'est pas uniquement comprendre les émotions de son prochain, car cette seule approche nous permettrait simplement de reproduire le comportement de l'autre : le fait de voir souffrir une personne provoquerait une souffrance personnelle et une montée émotionnelle. Le seul partage émotionnel ne suffit pas, il faut également pouvoir prendre conscience de la différenciation entre l'autre et soi-même.

L'empathie : une piste pour mieux partager

Dans le cadre du travail, le rôle de l'empathie est primordial pour assurer le bon fonctionnement de l'entreprise, car l'empathie peut rendre les rapports humains plus faciles, plus agréables et surtout plus interactifs en cherchant à déterminer les besoins de l'autre :

- ses propres motivations ;
- ses objectifs ;
- ses attentes ;
- mais aussi ses difficultés.

> **Attention** aux manipulateurs qui risquent de chercher à approcher votre intimité, et devenir ainsi des collaborateurs dangereux.

Selon les travaux de Frédérique de Vignemont et Tania Singer, pour être empathique :

- il faut être dans un état émotionnel particulier pour comprendre celui de l'autre et être réceptif à ses émotions ;
- il faut être conscient que l'état affectif de l'autre affecte aussi notre propre état émotionnel et qu'il y a une relation causale entre les deux ;
- il faut prendre conscience de l'état émotionnel de l'autre sans s'imaginer être dans la même situation que lui, c'est-à-dire qu'il faut mettre une certaine distance ;
- il faut avoir la volonté d'aider l'autre, chercher à le protéger, à déterminer des valeurs morales communes.

L'empathie consiste donc à chercher à apaiser et aider son prochain, en imaginant sa souffrance, mais sans se mettre dans son état.

Il est important d'imaginer et de comprendre l'émotion d'autrui, mais de ne pas anticiper les conséquences physiques et morales éventuelles liées à cette émotion.

Le processus d'empathie

Activation de la composante affective → Établir la relation causale entre l'autre et soi → Ne pas anticiper la situation d'autrui → Avoir la volonté d'apaiser et d'aider l'autre en comprenant sa détresse

> Votre collègue de travail reçoit une lettre de licenciement et réagit avec tristesse et colère. Si vous avez un comportement de colère et les yeux humides de tristesse en l'observant, vous imaginant en train de recevoir une même lettre de licenciement, vous n'êtes pas dans l'empathie. Vous serez dans l'empathie si vous restez normal, si vous cherchez à le consoler car vous imaginez sa détresse. La différence est que vous ne projetez pas les effets de la nouvelle sur votre propre vie. Vous vous concentrez sur votre collègue et vous vous représentez sa souffrance.

Le manager empathique

Pour travailler dans l'empathie, il faut adopter une attitude didactique et éviter une position trop souvent directive, dominatrice ou protectrice. Cela permet au dirigeant d'être plus rationnel, plus juste, plus authentique dans son rapport avec autrui.

Cette relation empathique a pour but d'aboutir à une alliance, à un pacte avec le salarié qui va déclencher, dans un premier temps, une motivation de part et d'autre, puis qui va consolider la confiance du manager comme du salarié dans leurs aptitudes à réaliser leur travail dans les meilleures conditions possibles.

Cette attitude didactique, très enrichissante pour le manager, nécessite une formation qu'il est tout à fait possible d'acquérir, pour conduire à un savoir-faire qui sera très utile au quotidien dans le monde du travail d'aujourd'hui, difficile, féroce, déstabilisant et peu sécurisant. Il faut, pour cela, avoir des outils qui permettent d'établir une relation durable, active, créative et rentable.

Le manager empathique doit objectivement et rationnellement comprendre le ressenti de l'autre, sans se projeter dans l'autre et sans porter de jugement. L'empathie nécessite l'écoute. Il ne doit pas chercher à s'identifier à l'autre et il ne doit pas non plus chercher à adhérer à son système émotionnel du moment. Il doit, dans tous les cas, se centrer sur la personne en cause et peut, en utilisant la reformulation, lui témoigner sa compréhension sans activer sa propre émotion.

L'empathie ne fait pas appel au partage émotionnel, mais à l'approche adaptative au ressenti d'autrui.

On dit qu'un individu est empathique quand il ressent les états émotionnels d'autrui, sans ressentir lui-même la même émotion ou d'autres émotions. Il doit donc rester parfaitement objectif.

Contrairement à la sympathie, le processus empathique ne vise pas forcément à obtenir dans l'immédiat le bien-être de l'autre.

En résumé

L'individu empathique :

- doit se représenter les états émotionnels d'autrui ;
- ne pas ressentir la même émotion ;
- ne pas adhérer aux émotions de l'autre ;
- savoir garder ses distances ;
- ne pas porter de jugement ;
- ne pas s'identifier à l'autre.

C'est ainsi qu'il pourra s'investir dans un raisonnement honnête, juste, et donc éthique.

1. Robert doit rendre son rapport financier au plus tard mardi soir pour la réunion qui a lieu mercredi à 11 heures. Malheureusement, il n'a pas terminé ce rapport mardi soir comme convenu et cela va perturber le bon déroulement de la réunion prévue. Le mercredi matin, il rencontre son supérieur et lui dit : « Je n'ai vraiment pas eu le temps de terminer mon rapport, il ne sera donc pas prêt pour 11 heures. Pourtant, j'ai tout fait pour le rendre à l'heure. »

   Réponse empathique : « Vous n'avez pas pu terminer votre rapport à temps et vous vous sentez fautif… »

2. Brigitte travaille dans une PME qui a de nombreuses activités. Plusieurs de ses collègues sont en arrêt maladie depuis quelques mois et elle doit assumer en grande partie leur travail, puisqu'ils ne sont pas remplacés. D'autre part, sa mère, âgée de 77 ans, vient de faire un accident vasculaire cérébral et l'hôpital lui demande de la reprendre à la maison.

   Brigitte est surchargée de travail et commence à ressentir une baisse de régime qui annonce un état dépressif imminent. Elle consulte donc son médecin traitant et lui explique : « Docteur, je n'en peux plus. Je ne dors plus, je suis épuisée, il faut m'aider. »

   Réponse de marbre : « Je vais vous donner un antidépresseur et, dans quelques jours, vous irez mieux. »

   Réponse empathique : « Si je comprends bien, vous avez beaucoup de travail en ce moment et des soucis avec la santé de votre mère. Vous êtes donc en souffrance, épuisée et inquiète. Je vais vous donner quelques jours d'arrêt qui vous permettront de vous reposer et un traitement pour mieux assumer ces difficultés momentanées. »

Les principaux outils de l'empathie

Ils sont au nombre de cinq. Il s'agit :

1. De poser les bonnes questions, c'est-à-dire des questions ouvertes ;
2. De reformuler les propos de son correspondant ;
3. De résumer la situation ;
4. De renforcer positivement les bons comportements ;
5. De récompenser l'individu pour lui donner l'envie de poursuivre son action.

Poser des questions ouvertes

Il faut recueillir des informations pertinentes et poser des questions utiles pour traiter le problème existant. D'où l'intérêt des questions ouvertes qui sont, à l'inverse de celles « fermées », des questions auxquelles on ne peut pas répondre par oui ou par non.

Vous commencerez vos questions par :

- Comment ?
- Quand ?
- Où ?
- Qui ?
- Pourquoi ?
- Combien ?

Elles permettent d'ouvrir le débat, de s'exprimer, d'élaborer une réponse réfléchie, construite et qui reflète la pensée.

> Rolland, 45 ans, a perdu confiance en lui à la suite de son évaluation annuelle. Il a changé de comportement et ses collègues lui ont conseillé de consulter le médecin du travail pour évoquer les difficultés qu'il rencontre dans son poste actuel.
>
> Question fermée : « Rolland, souhaitez-vous participer à une formation de gestion du stress ? »

> Question ouverte : « Rolland, vous semblez rencontrer quelques difficultés actuellement dans votre poste. Comment pensez-vous vous organiser pour améliorer vos conditions ? »

Reformuler

La reformulation nécessite une écoute active et attentive de ce que nous exprime autrui. Elle nécessite aussi de lui témoigner notre compréhension sur son ressenti et son état affectif du moment. Vous pourrez utiliser des expressions comme :

- « Si j'ai bien compris… »
- « Vous voulez dire que… »
- « D'après vous… »

La reformulation permet de se mettre en phase avec l'autre, de lui montrer que l'on a compris son message et qu'on peut ainsi aboutir à un raisonnement constructif. C'est un bon moyen de donner à autrui l'envie de mieux communiquer.

> Paul, 39 ans, à qui vous avez proposé un nouveau poste à responsabilités, vous explique qu'il ne se sent pas prêt à assumer une telle charge et qu'il craint que cet emploi pose des problèmes au sein de sa famille car il devra se déplacer très souvent.
>
> Reformulation possible : « Si j'ai bien compris, vous craignez d'avoir des difficultés à assumer de nouvelles responsabilités et que vos nombreux déplacements soient mal acceptés par votre famille. »
>
> La reformulation permet donc à l'autre de se sentir mieux compris et de pouvoir s'exprimer plus largement dans le but de trouver un compromis.

Résumer

Le résumé est essentiel car il permet, à chaque instant, de faire le point, de valoriser le contenu de l'entretien, de donner un *feed-back* à votre interlocuteur, de revenir sur les points clés, de relancer la discussion lorsque vous n'avez plus rien à ajouter de particulier. Il est inutile, dans ce cas, de poser des questions supplémentaires qui risquent de dériver. Le résumé va permettre de recentrer la conversation sur la situation en cours.

Lorsque vous sortez d'une réunion, quelle qu'elle soit, n'oubliez jamais de prendre des notes et de faire un résumé de la situation en inscrivant :

- **la date ;**
- **le lieu de la discussion ;**
- **les noms des différentes personnes présentes ;**
- **les intérêts de votre interlocuteur, comme ses passions ou ses goûts ;**
- **les points essentiels de la rencontre ;**
- **les grandes idées qui ont fusé au cours de cette entrevue.**

Il est souvent judicieux, lorsque la réunion était capitale, de se la remémorer en imagination. Cela vous permettra de pouvoir corriger d'éventuelles erreurs et de bien fixer tous les détails utiles de cette rencontre.

Enfin, ce résumé de séance vous permettra de rebondir dans tous les cas lors d'une prochaine rencontre puisque vous aurez en tête tous les points forts du dossier.

Renforcer positivement

Le renforcement positif a pour but de valoriser un comportement adapté et de lui permettre de se reproduire avec succès. C'est une excellente méthode pour encourager et favoriser le changement, et pour augmenter, chez chacun, le sentiment d'efficacité personnelle.

> Jean-Bernard a beaucoup travaillé pour rendre son rapport financier à temps. Il a dû prendre sur son temps libre pour exécuter ce travail qui était nécessaire au bon déroulement de la réunion prévue.
>
> Renforcement positif : « Je sais tout le temps que vous avez dû passer sur votre rapport pour nous le présenter avec succès ce matin. Je tiens à vous remercier et vous féliciter de ce travail efficace. »

Récompenser

La récompense est indispensable pour entretenir le comportement et le renforcer, car nous savons tous que tout comportement qui n'est pas récompensé s'éteint.

Dans le cadre du travail, il est classique d'utiliser soit des récompenses sociales comme les félicitations, les assentiments ou les promotions, soit des récompenses symboliques comme de l'argent, un prix ou un cadeau.

Si nous reprenons l'exemple ci-dessus de Jean-Bernard, la récompense pourrait être les applaudissements de l'ensemble des membres présents à cette réunion.

Connaître les « schémas » pour activer l'empathie

Pour mieux déclencher le processus d'empathie, il est avantageux de rechercher le schéma « prédominant » de l'autre, ce qui permettra de mieux le comprendre, d'imaginer ce qu'il ressent et de saisir ses difficultés, et ainsi de se mettre en situation de pouvoir l'assister.

Ce travail captivant ne devrait vous poser aucun problème, puisque dans les premières pages de ce livre nous avons abordé les principaux schémas qui nous habitent et vous avez même, en faisant quelques exercices, défini quel était le vôtre. À vous maintenant de déterminer quel est celui de ceux avec qui vous avez souvent des relations.

Rappel : ce qu'est un schéma

Un schéma :

- est une structure envahissante ;
- est construit à partir d'expériences de l'enfance et de l'adolescence négatives, et souvent douloureuses ;

- intervient dans le traitement de l'information ;
- est stocké dans la mémoire à long terme ;
- est latent, silencieux, activable ;
- est enrichi et renforcé tout au long de la vie ;
- se répète régulièrement.

Les schémas n'ont pas tous forcément une origine traumatique, mais ils sont généralement douloureux.

Schéma « incompétence/échec »

Les individus concernés ont un manque d'estime de soi. Ils ont peur d'affronter, ils sont plutôt dans l'évitement. Ils craignent leur propre jugement, leurs décisions les inquiètent, les paralysent, ils ont du mal à assurer les choses seuls.

Les pensées automatiques centrales sont :

- « Je suis incompétent. »
- « Je ne suis pas capable de… »
- « Je n'y arriverai pas. »

Au travail, ce sont des individus qui :

- n'osent pas ;
- ne se mettent jamais en valeur ;
- exécutent des tâches inférieures à leurs compétences ;
- n'interviennent pratiquement jamais pour donner un avis ;
- ne prennent pas d'initiatives ;
- minimisent leur travail ;
- ne vont pas jusqu'au bout des choses ;
- n'ont pas vraiment choisi leur destin ;
- ne parlent que de leurs échecs ;
- s'entourent de personnes qui les dirigent.

Les principales émotions qui correspondent à ce schéma sont :

- la frustration ;
- l'insatisfaction ;
- l'anxiété ;
- la tristesse ;
- l'amertume ;
- le regret ;
- l'humiliation.

Schéma « vulnérabilité/danger »

Ce sont des individus qui passent leur temps à attendre la moindre catastrophe. Ils vivent en permanence dans l'hypercontrôle, impossible pour eux de lâcher prise. Ils activent leur schéma « danger », avec cette faculté dans l'émotion de ne plus évaluer correctement les risques ; toute situation devient dangereuse, ils surévaluent les inconvénients.

Les pensées automatiques centrales sont :

- « Il va m'arriver quelque chose. »
- « Je suis en danger. »
- « Je me sens vulnérable. »
- « Je dois tout contrôler. »

Dans le domaine professionnel, ce sont des individus qui :

- n'ont pas confiance en eux ;
- sont toujours en hyperactivité et débordés ;
- ont un manque de concentration ;
- se plaignent de troubles de la mémoire ;
- sont dans l'attente d'un événement fâcheux ;
- redoutent un licenciement ;
- appréhendent une mutation ;
- craignent un changement de poste.

Les principales émotions qui correspondent à ce schéma sont :

- l'angoisse d'anticipation ;
- la peur ;
- des sensations corporelles désagréables ;
- l'impatience ;
- l'agitation ;
- la fatigue ;
- la tension.

Schéma « perfectionniste/exigences élevées »

Ce sont des individus en permanence dans la recherche de performances. Ils mettent la barre très haut. Ils sont toujours tendus, souvent insatisfaits, et ont une grande crainte de l'échec. Le temps leur manque pour en faire un peu plus et ils briguent souvent l'approbation des autres, qui ne les satisfait pas toujours d'ailleurs.

Ainsi, ils courent continuellement après le temps et ne se reconnaissent que dans l'urgence. Ils comblent leur temps, et ont du mal à accepter que les autres prennent le leur ; leur phrase habituelle est : « Dépêchez-vous ! » On doit être parfait, on cherche l'excellence, on se veut exemplaire, mais attention : tout cela mène le plus souvent à l'insatisfaction et au mécontentement.

Les pensées automatiques centrales sont :

- « Ce n'est pas assez bien. »
- « Je ne suis pas parfait. »
- « Je dois faire mieux. »
- « Je dois tout faire tout seul. »
- « On ne peut faire confiance à personne. »

Dans le cadre du travail, ce sont des individus qui :

- ne sont jamais satisfaits de leur travail et de celui des autres ;
- sont très exigeants avec les autres, mais aussi avec eux-mêmes ;

- travaillent énormément pour combler le temps ;
- cherchent le moindre détail ;
- ont du mal à maîtriser le temps ;
- sont rarement positifs et souriants ;
- vivent en permanence dans le futur, ne sont que rarement dans le présent ;
- ne font pas confiance et, du coup, ont du mal à déléguer ;
- prennent peu de vacances car ils se sentent indispensables et ont aussi peur de s'ennuyer ;
- économisent sur tout.

Les principales émotions qui correspondent à ce schéma sont :

- la pression ;
- l'irritabilité ;
- l'insatisfaction ;
- le vide ;
- l'échec ;
- l'impatience ;
- la tension.

Schéma « assujettissement/dépendance »

Ce sont des individus qui cherchent toujours le consentement de l'autre, qui vont souvent dans le sens des autres. Ils veulent faire plaisir coûte que coûte, ils font toujours ce que leur demandent les autres, même s'ils n'en ont pas envie.

Il existe chez eux un manque d'affirmation de soi. Ils évitent à tout prix les conflits et ont peur d'être rejetés.

Les pensées automatiques centrales sont :

- « Je ne sais pas ce que je veux. »
- « J'ai besoin qu'on m'approuve en permanence. »

- « J'ai besoin des autres. »
- « Je n'ose pas. »
- « Je ne sais pas décider. »
- « Je suis influençable. »

Dans le cadre du travail, ce sont des individus qui :

- cherchent l'approbation des autres ;
- sont souvent dans la somatisation (phénomènes de tension) ;
- ne décident pas ;
- évitent les conflits et acceptent tout ;
- voient l'intérêt de l'autre avant le leur ;
- ont peur qu'on les rejette ;
- partagent les soucis des autres ;
- n'expriment pas leur colère, par peur de vengeance.

Les principales émotions qui correspondent à ce schéma sont :

- la crainte ;
- la peur ;
- le rejet ;
- la honte ;
- la gêne et le rougissement ;
- la frustration ;
- la panique.

Schéma « abandon/carence affective »

Ce sont des individus qui vivent dans la peur qu'on les abandonne, qu'on les délaisse, que l'autre tombe malade ou les quitte pour quelqu'un d'autre.

Ils sont en permanence dans la recherche de contacts avec les autres. Ce sont des personnes exclusives qui sont souvent dans la dépendance et la soumission.

Les pensées automatiques centrales sont :

- « J'ai peur qu'on m'abandonne. »
- « Je crains qu'on ne m'aime pas. »
- « Je ne peux pas rester seul. »
- « J'ai peur qu'on me rejette. »

Dans le cadre du travail, ce sont des individus qui :

- sont très sensibles aux critiques des autres ;
- ont du mal à envisager de changer d'endroit ;
- recherchent toujours l'approbation de leur supérieur ;
- mettent de l'affect dans toutes les relations avec autrui ;
- cherchent à se faire des amis coûte que coûte ;
- se sentent en permanence rejetés.

Les principales émotions qui correspondent à ce schéma sont :

- la peur ;
- la tristesse ;
- la jalousie ;
- l'angoisse ;
- le désespoir ;
- le rejet ;
- la dépression.

Schéma « exclusion »

Ce sont des individus pessimistes, ils ne voient que le côté négatif des choses. Ils sont, la plupart du temps, dans un état dépressif, ils pensent que tout va mal tourner, ils ont du mal à décider et sont souvent dans le doute.

Ils ont toujours besoin qu'on les rassure, ils n'expriment que difficilement leurs émotions et se retrouvent généralement exclus des groupes.

Les pensées automatiques centrales sont :

- « Je ne suis pas comme les autres. »
- « Je me sens différent. »
- « Je n'ai pas d'amis. »
- « Je me sens rejeté. »
- « On ne m'aime pas. »

Dans le cadre professionnel, ce sont des individus qui :

- restent à l'écart des groupes ;
- agissent en solitaire ;
- se sentent différents de leurs collègues ;
- se sentent exclus ;
- n'ont quasiment pas d'amis au travail.

Les principales émotions qui correspondent à ce schéma sont :

- l'anxiété ;
- le doute ;
- la colère ;
- la tristesse ;
- l'inquiétude ;
- la déception ;
- le rejet.

Schéma « culpabilisation »

Ce sont des individus qui ont une faible estime de soi. Ils ne s'accordent aucun droit, ils cherchent à plaire à tout le monde et regrettent tout ce qu'ils font. Ils acceptent presque tout des autres pour ne pas avoir à regretter par la suite.

La culpabilité présente, la peur permanente de faire de la peine aux autres les empêchent de se sentir libres.

Ils ont une nette tendance à s'excuser, ce qui peut être assez gênant pour autrui.

Les pensées automatiques centrales sont :

- « Je n'aurais pas dû. »
- « C'est de ma faute. »
- « Je me sens coupable. »
- « J'ai honte. »

Dans le domaine professionnel, ce sont des individus qui :

- inventent des excuses ;
- ne sont que rarement à l'aise avec les autres ;
- ont peur de faire des choix ;
- ont du mal à s'imposer et à donner des directives précises ;
- acceptent tout de tout le monde, même s'ils ne sont pas d'accord ;
- ont peur d'avoir mauvaise conscience ;
- cherchent à faire plaisir aux autres ;
- se sentent coupables d'avoir une promotion ou de recevoir un compliment ;
- ont peur de décevoir leur prochain.

Les principales émotions qui correspondent à ce schéma sont :

- le regret ;
- la honte ;
- la déception ;
- l'humiliation ;
- la colère ;
- la peur ;
- la peine.

Schéma « manque d'estime de soi »

Les individus qui ont un manque d'estime de soi ne s'aiment pas. Ils se sentent mal-aimés et considèrent qu'on ne peut pas les apprécier. Ils refusent les compliments et sont gênés lorsqu'on s'intéresse à eux. Ils ont peur d'être jugés négativement.

Ils estiment que les critiques négatives à leur égard sont toujours justifiées et se mettent souvent en situation d'être critiqués, ce qui confirme leur impression et la renforce.

Les pensées automatiques centrales sont :

- « Je ne vaux rien. »
- « Je ne m'aime pas. »
- « Je suis nul. »
- « Je n'ai pas les compétences. »

Dans le domaine professionnel, ce sont des individus qui :

- sont très discrets ;
- n'osent pas ;
- acceptent tout ;
- sont gênés lorsqu'on s'intéresse à eux ou quand on les valorise ;
- récupèrent toutes les tâches que les autres ne veulent pas faire ;
- ne demandent jamais rien ;
- ne progressent pas.

Les principales émotions qui correspondent à ce schéma sont :

- la gêne ;
- la honte ;
- la tristesse ;
- le vide ;
- la déception ;
- le découragement ;
- la frustration ;
- l'humiliation ;
- le regret ;
- la timidité.

Schéma « sentiment de méfiance/injustice »

Ce sont des individus qui ont été très souvent mal protégés, abusés, manipulés, et même trahis dans leur intimité. Ce peuvent être des victimes de sévices, on peut retrouver dans leur enfance des abus sexuels, ce qui peut déclencher un stress post-traumatique, et donc un schéma de « méfiance/injustice ».

Les pensées automatiques centrales sont :

- « Je n'ai pas confiance. »
- « Je dois me méfier. »
- « Les gens sont méchants. »
- « Je ne suis pas à la hauteur. »
- « Le monde est injuste. »
- « Je me sens trahi. »
- « Je me sens blessé. »

Dans le domaine professionnel, ce sont des individus qui :

- pensent qu'on leur veut du mal ;
- se méfient de leur entourage et ont des difficultés à créer des liens d'amitié ;
- ont peur de se faire abuser ;
- évitent toute relation avec leurs collègues ;
- peuvent abuser des autres par vengeance ;
- subissent souvent la mauvaise humeur des autres.

Les principales émotions qui correspondent à ce schéma sont :

- la haine ;
- la honte ;
- l'humiliation ;
- l'injustice ;
- le dégoût ;
- la révolte ;
- la manipulation.

Maintenant que vous avez déterminé les schémas « prédominants » de ceux avec qui vous travaillez souvent, il vous suffit de vous calquer dessus pour déclencher l'empathie, qui est essentielle à une bonne relation.

Comment travailler sur son schéma pour réussir ?

Voici six conseils précieux pour vivre en harmonie avec votre schéma. Ainsi, il ne vous « pourrira » plus la vie.

Mais si votre schéma est très ancré, très enraciné, et donc difficile à façonner, nous vous conseillons de lire quelques ouvrages spécialisés ou, si besoin, de consulter un thérapeute.

Conseil n° 1 : exercice

Essayez de retrouver les moments où tout a commencé. Il suffit, pour cela, de faire un travail « en imagination ».

Installez-vous dans un endroit calme, reposant, puis, en fermant les yeux, appelez un souvenir d'enfance qui pourrait être à l'origine de votre schéma.

Par exemple, si vous êtes dans un schéma « échec », essayez de revoir en imagination toutes les scènes passées qui vous ont mis en situation d'échec.

Imaginez que votre père, chaque fois que vous aviez des notes inférieures à ses attentes, ou chaque fois que vous aviez du mal à réaliser un travail, vous traitait de nul, d'incapable. Vous avez pu construire un schéma « échec ».

Maintenant que vous êtes « installé dans la scène », vous allez, en tant qu'adulte, réconforter ce jeune enfant qui aurait dû l'être par les adultes du moment.

Conseil n° 2 : exercice

> Écrivez sur votre cahier toutes les pensées que vous aviez lorsque vous étiez dans ces situations difficiles et toutes les pensées qui vous viennent à l'esprit aujourd'hui, pour les modifier et les rendre plus constructives.

Conseil n° 3

Félicitez-vous régulièrement lorsque vous êtes satisfait de ce que vous avez réalisé, surtout si cela va à l'encontre de votre schéma.

Conseil n° 4

Apprenez à être tolérant et gentil avec vous-même. Ne passez pas votre temps à vous insulter et à réveiller ainsi le postulat qui entrave votre bien-être.

Conseil n° 5

Ne soyez pas en permanence dans la culpabilité. Exercez-vous à travailler pour vous et surtout goûtez le plaisir de vous accorder des droits, et ainsi de ne plus être constamment dans l'obligation de...

Conseil n° 6 : exercice

Un schéma s'accompagne le plus souvent de croyances qui correspondent à une conviction profonde, laquelle est responsable de votre ressenti et de vos actes.

Il existe pour chaque schéma des croyances bien souvent négatives. Il est grand temps pour vous de vous mettre au travail et de rechercher d'une manière réaliste comment les transformer en croyances plus fondées.

Exercice

Comment transformer une croyance abusive et la rendre plus proche de la réalité ? Il vous suffit de réaliser une analyse pragmatique de votre croyance.

Inscrivez sur votre cahier, en rouge, votre croyance… Par exemple, si vous êtes dans le schéma « perfectionniste/exigences élevées », votre croyance peut être : « Je dois toujours faire les choses le mieux possible pour qu'on m'apprécie, ce qui me sécurise. »

Puis créez deux colonnes et reportez-y les avantages et les inconvénients de votre croyance :

Avantages	Inconvénients
« Je me sens rassuré. » « J'espère que l'on va m'apprécier. »	« Je suis en permanence insatisfait. » « Je me fatigue plus. » « Je me trouve nul. » « J'évite les reproches. » « Je me sens souvent surveillé. » « Je suis sous pression. »

Cet exercice montre que les inconvénients de penser ainsi l'emportent nettement sur les avantages.

Travaillez maintenant sur l'élaboration d'une nouvelle croyance qui soit mieux adaptée au réel. Inscrivez sur votre cahier, en vert, votre nouvelle croyance revue et corrigée : « Je fais de mon mieux pour me faire plaisir, tout en espérant satisfaire les autres. »

Chapitre 10

Les bonnes stratégies de **bien-être au travail**

Nous sommes tous des managers puisque nous sommes tous, dans le cadre de notre travail, des personnes qui contribuent à la bonne organisation et la bonne gestion de l'entreprise où nous œuvrons.

Pour être un bon élément, il faut :

- **être en bonne condition physique ;**
- **savoir communiquer ;**
- **travailler dans l'empathie.**

Test pour évaluer votre condition physique

Pour être efficace, dynamique, créatif et productif, il faut se trouver en bonne condition physique, c'est-à-dire se sentir parfaitement bien dans son corps.

Nous vous proposons de faire un test simple qui vous permettra de vous situer sur une échelle, pour pouvoir ensuite travailler sur les points déficients.

Test sur vos conditions physiques

Prenez votre cahier et faites ce test pour constater si vous êtes en bonne condition physique. Il vous suffit d'attribuer :

- 1 point à la première proposition ;
- 2 points à la deuxième proposition ;
- 3 points à la troisième proposition.

Question n° 1

Vous marchez :

- tous les jours plus de 20 minutes ;
- une fois par semaine plus de 30 minutes ;
- une fois par mois plus de 30 minutes.

Question n° 2

Vous buvez :

- plus de 1,5 litre d'eau par jour ;
- 1 litre d'eau par jour ;
- moins de 1 litre d'eau par jour.

Question n° 3

Vous dormez :

- 7 heures sans vous réveiller ;
- 6 heures et vous vous réveillez plusieurs fois ;
- moins de 5 heures.

Question n° 4

Vous consommez :

- de 0 à 1 verre de vin par jour ;
- de 1 à 2 verres de vin par jour ;
- plus de 3 verres par jour.

Question n° 5

Vous travaillez :

- sans stress ;

- sous pression ;
- avec une anxiété permanente.

Question n° 6

Vous souffrez du dos :

- rarement ;
- de temps en temps ;
- très souvent.

Question n° 7

Vous digérez :

- sans problème ;
- lentement ;
- avec difficulté : ballonnements et troubles du transit.

Question n° 8

Vous fumez :

- aucune cigarette ;
- de 1 à 5 cigarettes par jour ;
- plus de 5 cigarettes par jour.

Question n° 9

Lorsque vous montez une petite côte ou deux étages :

- vous n'êtes pas essoufflé ;
- vous êtes un peu essoufflé ;
- vous êtes très essoufflé.

Question n° 10

Vous êtes stressé :

- jamais ;
- assez souvent ;
- très fréquemment.

Question n° 11

Vous vous énervez :

- jamais ;
- parfois ;
- toujours.

Question n° 12

Vous vous faites du souci :

- rarement ;
- souvent ;
- continuellement.

Question n° 13

Vous êtes fatigué :

- jamais ;
- souvent ;
- tout le temps.

Question n° 14

Vous consommez :

- 1 à 2 cafés par jour ;
- plus de 2 cafés par jour ;
- plus de 4 cafés par jour.

Question n° 15

Vous faites :

- 3 repas équilibrés par jour ;
- 3 repas mal équilibrés par jour ;
- vous grignotez toute la journée.

Question n° 16

Vous faites du sport :

- un peu tous les jours ;

- rarement ;
- jamais.

Si vous totalisez entre 16 et 23 points, vous êtes réellement sur la bonne voie. Vous vous donnez les moyens d'être en bonne santé physique, ce qui est profitable pour votre santé mentale.

Si vous totalisez entre 24 et 32 points, vous devez travailler pour améliorer et corriger certaines erreurs qui risquent de nuire à votre équilibre et vous empêcher d'accomplir vos désirs.

Si vous totalisez plus de 33 points, vous devez vous reprendre complètement en main et consulter votre médecin traitant qui saura vous conseiller efficacement.

Démarrer chaque journée de travail nécessite d'être vaillant, c'est-à-dire courageux pour assumer la masse de travail qui vous attend, mais aussi les difficultés qui y sont rattachées.

Il ne faut pas céder à la facilité. Vous devez mettre en route, dès le matin, tous les mécanismes qui vont vous permettre de régler au fur et à mesure chaque obstacle, sans utiliser trop d'énergie et sans activer constamment vos principales émotions qui risquent d'entraver considérablement votre potentiel inventif.

Vous devez chercher à libérer cette force intérieure qui est plus ou moins développée chez chacun de nous pour nous aider à faire le bon choix entre, d'une part, cette tendance naturelle que nous avons à aller vers la facilité et le confort, et ainsi à éviter les situations pénibles, et, d'autre part, le courage d'affronter, de s'affirmer pour trouver la bonne solution au problème. La meilleure solution consiste à se battre contre la peur qui nous envahit si souvent et modifie nos comportements d'une manière négative.

Quelques conseils pour mieux communiquer

La communication efficace est fondée sur l'estime de soi. Si vous avez une bonne estime de soi, vous saurez aborder les problèmes avec confiance, trouver les mots justes et vous faire respecter.

Établir le contact

Pour créer un contact facilement, il est conseillé d'enclencher la discussion sur un sujet neutre qui concerne le moment présent. Si vous êtes à la cantine avec des personnes que vous ne connaissez pas bien, vous pouvez leur demander : « Cette cantine est agréable et on y mange bien. Qu'en pensez-vous ? »

Si vous êtes en entretien et que la discussion a du mal à démarrer, vous pouvez l'enclencher : « J'ai eu quelques difficultés ce matin avec la circulation, mais je suis content d'être arrivé à l'heure. Et vous, êtes-vous arrivé sans difficulté ? »

Poser des questions ouvertes, éviter les questions fermées

La question ouverte permet à l'interlocuteur d'ouvrir le débat et d'exprimer plusieurs opinions, ce qui enrichit la relation. À l'inverse, la question fermée – à laquelle on répond par oui ou par non – ne permet pas d'apporter les arguments nécessaires à un bon échange.

> Il est conseillé de demander :
>
> - « Comment vous sentez-vous dans votre poste actuellement ? » plutôt que : « Êtes-vous satisfait de votre travail ? »
> - « Comment pensez-vous organiser votre vidéoconférence de lundi prochain ? » plutôt que : « Votre vidéoconférence de lundi prochain est-elle prête ? »

Se renseigner

Il est important de se renseigner sur son partenaire pour connaître, si possible, ses occupations, ses besoins, son parcours professionnel. Vous pourrez ainsi maintenir plus facilement un échange fructueux.

Savoir écouter et chercher à comprendre autrui

Bien trop souvent on ne prend pas le temps d'écouter l'autre, de le comprendre et d'imaginer quelle va être sa réaction. Pourtant, une discussion doit être un véritable échange, et non un monologue qui risque de se terminer par une insatisfaction mutuelle.

Il faut respecter le temps de parole de chacun, comme dans un débat. C'est une règle d'or qui nécessite une certaine maîtrise de soi, mais qui permet le *feed-back* et l'expression de chacun.

Au cours d'une discussion, on peut voir apparaître un certain nombre d'émotions comme :

- la tristesse ;
- la colère ;
- la frustration ;
- l'agacement ;
- la haine ;
- la honte ;
- la déception ;
- mais aussi, parfois, du plaisir.

Il est intéressant de savoir les reconnaître, d'apprendre à désamorcer toute montée émotionnelle pour pouvoir, une fois l'équilibre émotionnel atteint, reprendre la relation et trouver un compromis qui satisfasse les deux parties.

La bonne communication commence par le bonjour du matin. Il est bien regrettable que la plupart des salariés ne se saluent plus, ce qui engendre une mauvaise ambiance qui ne fera que se dégrader au cours de la journée.

Conseil

Savoir communiquer, c'est :

- être empathique ;
- informatif ;
- rassurant ;
- compréhensif ;
- objectif.

Le plus gros problème, aujourd'hui, au travail est le manque de communication, probablement lié à un manque de connaissances et de savoir-faire, qu'il faut impérativement combler pour le confort de chacun.

Vous trouverez, tout au long de cet ouvrage, une multitude d'astuces qui vous permettront de rétablir le contact entre les individus et de découvrir quels sont les nœuds qui empêchent le bon déroulement d'une relation. Dans tous les cas, il faut revenir à la notion même de comportement, qui a déjà été envisagée dans le chapitre 8 et qui permet de comprendre les difficultés qui peuvent survenir dans la relation bipartite.

Pour bien communiquer, il faut que chaque individu ait un comportement assertif, c'est-à-dire qu'il soit dans le respect mutuel. C'est la seule façon de pouvoir aboutir à un compromis.

La communication sera difficile si l'un des deux personnages est passif, car il ne défendra alors pas ses droits et, très vite, il risque de se sentir frustré, voire abusé. Il est donc nécessaire, dans un tel cas, de rendre l'individu passif assertif, donc efficace.

Conseil

Comment faire ?

La meilleure méthode, pour faire passer un individu d'un comportement passif à un comportement assertif, est de le valoriser, de lui expliquer qu'il est essentiel qu'il s'exprime et donne son avis.

Vous êtes invité à participer à une réunion cruciale pour faire le point sur l'avenir de la société pour l'année qui vient. Chacun des participants doit donner son point de vue.

- Si Bernard est passif, il ne va pas s'investir. Il aura tendance à dire que tout va bien, qu'il n'a pas d'idées particulières à défendre ou à mettre en avant, qu'il est d'accord avec l'avis des autres. Deux possibilités se présentent alors :
  - soit Bernard n'ose pas intervenir car il a peur de s'exprimer d'une façon maladroite et peur du jugement des autres ;
  - soit Bernard ne s'intéresse pas à la question et n'a pas envie de participer au débat.
- Si Bernard est agressif, il aura tendance à tout critiquer, à ne rien proposer de constructif et à rabaisser les autres. Il est bien évident qu'avec un tel comportement, toute communication sera difficile et qu'un compromis sera laborieux à trouver.
- Si Bernard est assertif, il sera dans l'empathie. Il saura écouter, proposer, trouver la meilleure solution qui conviendra aux différentes parties.

Savoir communiquer pour mieux gérer les conflits

Le conflit est nécessaire dans un groupe, c'est la preuve que l'entreprise se porte bien, qu'elle vit, qu'elle évolue, que de nombreuses transactions sont en marche et que les idées jaillissent en permanence. Le conflit peut ainsi être créatif, pourvoyeur d'innovations, de changements, et donc de progrès. Mais trop souvent il est synonyme de destruction, de violence, de négativisme et d'inertie.

Le bon manager doit être un bon communicateur. Il doit rendre tout conflit constructif, et non destructeur. La communication n'existe pas uniquement par ses acteurs. Elle existe aussi et surtout par la relation qui se crée entre eux.

Le bon négociateur doit absolument intervenir sur la situation et en aucun cas sur l'individu, car cela conduirait à un échec cuisant.

Ne jamais porter une critique sur un individu, mais sur son travail.

D'où provient le conflit ?

Le conflit naît d'une rupture du processus de communication :

Message neutre
Émetteur ——————→ Récepteur

Lorsque ce processus est rompu, du fait d'une relation émotionnelle intense et trop excessive, le récepteur ne reçoit plus le message. Il devient donc un émetteur, ce qui entraîne une impossibilité de compréhension de sa part. Dans ce cas, le message n'est plus neutre, il devient émotionnel et conduit au conflit, rendant toute communication ou échange impossible :

Message émotionnel
Émetteur ——————→ Émetteur

Plusieurs cas de figure peuvent exister :

Émetteur agressif ——→ Récepteur agressif = conflit
Émetteur agressif ——→ Récepteur passif = conflit si le récepteur passif devient agressif
Émetteur passif ——→ Récepteur agressif = risque de conflit si l'émetteur devient agressif
Émetteur passif ——→ Récepteur passif = pas de conflit, pas de transaction
Émetteur assertif ——→ Récepteur assertif = compromis sans conflit

Pour qu'il y ait un conflit, il faut que les intervenants soient en situation d'opposition, de révolte ou de contestation. Pour gérer une telle situation, nous vous proposons quelques règles de bon sens.

Règle n° 1 : reconnaître et accepter le conflit

C'est grâce à l'écoute que vous pourrez arriver à comprendre la situation et trouver un compromis. Chacune des parties en cause doit se sentir comprise, respectée et même récompensée. C'est le but du compromis, sachant qu'on ne peut pas tout donner à l'un ou à l'autre, qu'il faudra des deux côtés lâcher un petit quelque chose qui permettra d'aboutir à un arrangement. Dans tous les cas, il faut que les deux parties ne se sentent ni blessées ni désavantagées.

Pour arriver à bien comprendre la situation-problème, il faut poser les bonnes questions, que ce soit des questions ouvertes ou des questions fermées, selon les renseignements que nous voulons obtenir.

Règle n° 2 : analyser la situation d'une façon neutre

Nous vous conseillons d'éviter de prendre position dans un conflit. Il faut, en revanche, déterminer quels sont les facteurs déclenchants et ceux qui entretiennent ce désaccord devenu insupportable.

Règle n° 3 : s'imaginer à la place de chacun

C'est en vous imaginant à la place de chaque individu concerné par le problème et en utilisant des outils que vous connaissez maintenant, que vous pourrez rechercher les solutions qui permettront un dénouement équitable.

Le plus difficile, à ce niveau de la négociation, est de faire participer activement les différents acteurs pour qu'ils puissent eux-mêmes déterminer la stratégie la plus adaptée à la résolution du problème.

À ce stade de la négociation, vous devez avoir un rôle d'initiateur.

Règle n° 4 : ne porter aucun jugement

Il ne s'agit pas de juger l'un ou l'autre, de savoir qui a raison ou qui a tort. Il ne faut surtout pas se positionner sur l'individu, mais sur la situation qui pose problème.

Il faut essayer de comprendre le mode de fonctionnement de chacun et les ramener l'un et l'autre dans une situation de compréhension réciproque, à un niveau émotionnel qui va leur permettre de retrouver l'écoute mutuelle, et ainsi ne pas s'enfermer dans un système qui va finir par exploser.

Règle n° 5 : tirer les conséquences

Il vous suffit de faire un résumé de la situation, en vous posant quelques questions comme :

- Comment la négociation s'est-elle déroulée ?
- Qu'est-ce qui a bien fonctionné ?
- Qu'est-ce qui n'a pas marché ?
- Comment les deux parties ont-elles réagi ?
- Sont-elles satisfaites de l'accord ?
- Dans quel domaine pourrais-je améliorer mes capacités de négociateur ?

Pour quel mode de fonctionnement opter ?

Beaucoup trop souvent, on fonctionne dans les entreprises sur un mode qui ne permet pas à chaque individu de s'investir et de s'autonomiser. C'est ainsi qu'on peut décrire deux modes de fonctionnement fermés et deux modes de fonctionnement ouverts.

Les deux modes fermés

Le mode « décideur » : le manager cherche à faire adhérer, à convaincre les individus, à les persuader. Il veut les mobiliser et les rendre dépendants.

Le mode « autoritaire » : le manager a tendance à imposer, à planifier, à organiser avec fermeté, à tout vérifier et examiner.

Les deux modes ouverts

Le mode « associatif » : il permet à chacun de participer, d'échanger, de s'unir, d'adhérer, de négocier, de transmettre.

Le mode « responsable » : il a pour but de valoriser l'individu, de le responsabiliser, le reconnaître, l'estimer et lui faire confiance.

Chapitre 11

Le petit guide du **lâcher-prise**

Qu'est-ce que le lâcher-prise ?

Nous sommes tous en permanence sous tension. Peut-être pour être plus efficace, mais est-ce vraiment raisonnable, lorsqu'on sait qu'un organisme qui ne se relâche pas va se tétaniser et entraîner de multiples désordres corporels, avec un risque accru de souffrance à la fois physique et mentale ?

Il est donc indispensable de pouvoir se relâcher, se libérer des contraintes constantes, se détendre, s'autoriser un instant à se déconnecter de son angoisse existentielle, pour se donner le droit de se recentrer sur l'instant présent, et retrouver ainsi momentanément son Moi.

Il faut parfois souffrir, voire accéder à un niveau de douleur insupportable, pour déclencher le lâcher-prise. Il est plus judicieux d'appliquer cette méthode préventivement, ce qui permet d'éviter la douleur et de se ressourcer…

Le lâcher-prise est un retour sur soi, un détachement de ce qui nous entoure, un moyen de rebondir pour alléger ses souffrances.

Le lâcher-prise, c'est aussi se remettre en question, dans le but d'un changement. C'est agir autrement pour arriver à se sentir libre.

Pour pouvoir mettre en œuvre le lâcher-prise, il suffit de découvrir ce qui nous fait souffrir, d'abandonner certaines croyances qui nous sont néfastes, d'accepter des faits qui sont incontestables et objectifs. Ce changement de « corps » nous permettra d'accéder au bien-être.

Lâcher prise, c'est abandonner nos résistances, relâcher nos tensions et retrouver notre authentique Moi.

Aujourd'hui, nous fabriquons des cerveaux qui ignorent leur corps. Or, le cerveau et le corps sont indissociables ; si l'un souffre, l'autre aussi.

Combien de fois par jour aimeriez-vous arrêter votre cerveau de penser, pour retrouver le calme ? Lorsque le cerveau a de mauvaises pensées, des pensées négatives, destructives, immédiatement le corps se met en danger et souffre.

Pendant des générations, on nous a appris qu'il fallait ignorer notre corps, ne pas l'écouter, qu'il était un lieu de péché et qu'on pouvait le malmener. Le résultat est qu'aujourd'hui le corps est constamment en souffrance ; il ne réagit plus, il est fatigué, il est en quelque sorte « usé ».

Si votre cerveau fonctionne bien, si vous êtes positif, votre corps sera en forme et répondra parfaitement à ses attentes. En revanche, si votre cerveau est perturbé et que les ordres qu'il donne à votre corps sont contradictoires, le corps sera dans la détresse et la souffrance.

Il est de plus en plus nécessaire, actuellement, de mettre en pratique des techniques corporelles pour apaiser ce corps qui a mal, qui se contracte, se raidit, se tétanise, se met en position de victime et va chercher, par tous les moyens, à se détendre, à se relâcher pour refaire surface avant de sombrer, éventuellement, dans un état de torpeur généralisé.

Les trois principales méthodes corporelles du lâcher-prise

Parmi ces techniques corporelles, nous reviendrons sur les trois principales.

La respiration

C'est elle qui apportera, dans tous les cas, un état de bien-être.

La plupart d'entre nous ne savent pas respirer. Ils se concentrent sur l'inspiration, alors qu'il est beaucoup plus efficace de se focaliser sur l'expiration. On l'a vu, une respiration trop rapide risque très vite de conduire à une hyperventilation, qui s'accompagne d'une impression insupportable de manquer d'air, d'étouffer. Il est donc conseillé de ralentir le rythme respiratoire en inspirant lentement un peu d'air, puis en bloquant la respiration, en comptant alors jusqu'à cinq, et enfin en expirant le plus lentement possible pour arriver à un état de présommeil. Pour plus de détails, voir l'exercice de respiration p. 104.

La méthode actuelle la plus efficace reste certainement la respiration abdominale employée au yoga ; au moment du blocage de la respiration, on recommande de gonfler le ventre.

La relaxation

Elle consiste à chercher à obtenir un relâchement musculaire total. Il existe de nombreuses méthodes qui ont toutes leur intérêt, mais nous vous conseillons celle qui nous paraît la plus adaptée au travail : la méthode du *training* autogène de Schultz, déjà décrite dans la gestion du stress au chapitre 6.

Nous pouvons également citer celle de Jacobson : reposant sur la notion de contraction/décontraction musculaire, elle est aujourd'hui très peu pratiquée.

Enfin, comment ne pas citer l'hypnose et le yoga, qui sont également d'une grande utilité ?

Pour que la relaxation vous apporte du bien-être, il est nécessaire, comme pour toutes les méthodes, de la pratiquer régulièrement et longtemps.

La méditation

C'est la gymnastique de l'esprit. Tout comme on entraîne son corps par des exercices physiques, on peut entraîner son cerveau par des exercices qui ont pour but de se détacher de toutes les pensées négatives, émotionnelles, stressantes qui l'encombrent et empêchent de pouvoir se détendre.

Certaines pensées négatives reviennent en boucle par un processus de rumination. Elles se renforcent elles-mêmes et nous conduisent souvent à la dépression ou au *burn out*.

La méditation est certainement aujourd'hui la méthode la plus efficace pour lutter contre le stress. Mais attention, elle doit se borner à rester une technique simple à appliquer, et non permettre une fuite de la réalité en devenant une pratique spirituelle ou religieuse.

L'objectif de la méditation est de fixer son attention et de se concentrer sur une chose précise que vous choisissez et qui va occuper pleinement votre esprit, sans tenir compte de ce qui peut se passer autour. C'est en quelque sorte une incitation momentanée à ne plus penser.

Cependant, notre esprit est souvent parasité par des pensées qui vont et viennent. Il suffit de les laisser passer sans porter de jugement et sans leur donner une quelconque signification…

Dans tous les cas, il est indispensable de toujours se recentrer sur sa respiration.

Faites une courte sieste

Elle est souvent appelée dans les pays anglo-saxons « *power nap* » ou « sieste tonique ». C'est un excellent moyen d'assurer une bonne journée. Pourtant, la plupart d'entre nous pensent qu'ils n'en ont pas le temps.

Quel dommage, car elle permet de se ressourcer, de recharger ses batteries qui s'épuisent si vite avec la pression quotidienne.

Le mot « sieste » vient du latin *sexta*, sixième heure. C'est la moitié de la journée, c'est-à-dire le moment où l'on peut récupérer avant d'entamer la seconde partie de la journée ; elle va nous permettre de repartir requinqué.

Une sieste doit être courte, de l'ordre de dix à vingt minutes au maximum. Elle permet de corriger un manque de sommeil, qui risque rapidement de faire diminuer la concentration et l'efficacité.

Le secret d'une longue vie est de pouvoir somnoler dans un endroit calme dès que le corps le réclame.

Pourquoi faire la sieste ?

Faire la sieste pour améliorer la mémoire

Elle permet au cerveau de se reposer, aux neurones de se reconnecter. C'est important car lorsque le cerveau n'a pas la possibilité de se détendre, on perd très vite son dynamisme, son temps et l'on retrouve les fameux « trous de mémoire », bien pénalisants.

Faire la sieste pour augmenter la créativité

La créativité nécessite de la vigilance, de la concentration, de l'attention qui ne pourront se manifester que si votre cerveau est reposé.

Faire la sieste pour désamorcer le stress

Le stress est un processus qui a tendance à s'emballer au cours de la journée ; il faut en permanence apprendre à le contrôler, le gérer pour mieux le maîtriser. La sieste est un excellent moyen de décentration pour freiner cette machine qui, souvent, se laisse emporter en nous poussant dans la précipitation et dans l'anticipation.

Faire la sieste pour alimenter la concentration

Pendant la sieste, notre cerveau se met en veille. Il pourra ainsi se ravitailler et se remettre en route sans difficulté pour le reste de la journée.

Faire la sieste pour conserver son dynamisme

Le manque de sommeil conduit fatalement à la mauvaise humeur, à la fatigue, à l'irritabilité. La sieste va permettre de se ressourcer, de se reconstruire, et ainsi de repartir dans de bonnes dispositions pour aborder avec courage la seconde moitié de la journée.

Conseil

Ne jamais faire une sieste de plus de vingt minutes. Elle risque de perturber votre cycle de sommeil et de vous conduire à un désordre physiologique pénalisant, qui se traduit souvent par un état de malaise, d'inconfort et de faiblesse.

Exercice

Il est recommandé de ne jamais s'allonger, mais de s'installer dans un endroit calme. Asseyez-vous confortablement dans votre fauteuil, penchez-vous en avant en reposant votre tête sur vos bras croisés, qui sont posés sur le bord du bureau. Cette « sieste », dont nous parlons, est particulière. Elle consiste à fermer doucement les yeux et à laisser aller son imagination, tout en restant dans un état de veille apparent. Il ne faut jamais laisser venir complètement le sommeil.

Prenez votre cahier et notez les jours où vous avez eu le courage et la volonté de faire une courte sieste. Décrivez sur votre cahier comment vous vous sentez après chaque sieste.

Ne cédez pas à la procrastination

Du latin *cras*, « demain », ce terme signifie « remettre au lendemain » ou « ne pas faire ».

Nous nous plaignons tous de ne pas avoir assez de temps, de perdre du temps pour en gagner, de ne pas arriver à gérer le quotidien, si bien que, lorsque nous sommes découragés, nous risquons de remettre au lendemain ce que nous avons à faire, donc de procrastiner. Parfois même, nous baissons les bras. Nous laissons tomber le travail à réaliser ou à terminer. Le risque inhérent à cette procrastination est d'avoir l'esprit encombré par ces choses qui n'ont pas été faites, et ainsi de ruminer, voire de regretter ce qui n'a pas été accompli, et embarrasser alors notre cerveau de pensées négatives. Vous voyez qu'en agissant ainsi vous perdez beaucoup de temps et vous consommez trop d'énergie pour rien.

Il est curieux de constater que la plupart d'entre nous ne font pas le bilan de leur journée en citant toutes les choses qu'ils ont réalisées, mais généralement l'ensemble des tâches non accomplies.

Conseil

Démarrer, traiter et classer la tâche vous permettra de vous sentir libre.

Commencez votre journée par une histoire drôle

Vous pouvez, par exemple, écouter à la radio une émission qui vous fait rire, il suffit de bien la choisir. Certains livres contiennent aussi un grand nombre d'histoires drôles, amusantes, dont le but est de vous détendre. À vous de les chercher.

Exercice

Notez ces histoires amusantes sur votre cahier car, sinon, vous risquez de les oublier très vite, ce qui vous empêchera d'en faire profiter les autres. Et ce serait vraiment dommage !

Au cours de la journée vous pourrez partager avec les autres ces histoires, et ainsi contribuer aussi à leur détente. Vous pouvez parfaitement commencer une réunion en racontant une petite blague dont le thème est proche de la situation.

Le rire est un lien qui rapproche les individus. C'est un bel outil de cohésion sociale, qui a été souvent utilisé dans les groupes pour essayer de favoriser leur unité. Le rire peut être contagieux et jouer un rôle important dans la relation empathique. Il pourrait faire intervenir ce que l'on appelle les « neurones miroirs ».

Dans tous les cas, le rire est un comportement qui facilite la relation à l'autre. Il peut même chercher à attirer l'autre et il peut avoir un rôle conséquent dans la relation durable avec autrui. Le rire rend plus positif et peut, dans certains cas, être stratégique.

Enfin, le rire nous protège. Il augmente nos défenses immunitaires et contribue souvent à diminuer notre stress.

Conseil

Le matin, au volant de votre voiture ou dans les transports en commun, vous pouvez écouter Laurent Gerra sur RTL ou des sketchs de Fernand Raynaud, de Coluche, de Raymond Devos ou encore de Thierry Le Luron.

Voilà un bon moyen pour vous mettre en forme et de bonne humeur. En plus, vous pouvez transmettre aux autres cet état positif…

Devenez contemplatif

Il s'agit d'une excellente méthode pour lâcher prise, puisqu'elle consiste à s'imaginer dans une action avec une attention soutenue.

La contemplation est assez proche de la méditation. Elle permet de se libérer du contexte actuel pour se concentrer sur l'observation attentive de quelqu'un ou de quelque chose, alors que la méditation se concentre plutôt sur des thèmes de l'esprit ou religieux.

La contemplation est un moyen efficace de retrouver la paix intérieure et d'être confronté à soi-même.

Conseil

Lorsque vous vous promenez à la campagne, il vous suffit de regarder avec insistance un arbre, un animal, un paysage, un lac, une rivière, une chaîne de montagnes ou les étoiles pour laisser votre esprit vagabonder, s'envoler, se libérer des pensées parasites. Vous allez ainsi vous retrouver très vite face à l'infini pour vous installer dans la paix et l'authenticité, et retrouver votre Moi.

Se mettre en accord avec la nature et s'imprégner des bienfaits qu'elle nous accorde est toujours bénéfique. Être en harmonie avec la nature, c'est se reconnecter à la vérité et retrouver ses valeurs originelles. Cela permet d'aller sur le droit chemin, de poursuivre sa route dans la sincérité, le partage et le respect, sans risquer de perdre son identité.

Exercice : le lieu sûr

Remémorez-vous un endroit que vous connaissez et où vous avez vécu des moments forts, très agréables, comme une promenade sur une plage sous les cocotiers, une soirée tranquille devant un feu de cheminée dans un chalet à la montagne, ou encore une promenade en calèche dans ce fabuleux décor qu'est la vieille ville de Québec.

Revivez la scène intensément en imagination. Fixez-vous un moment dessus en développant toutes les sensations alors déclenchées par vos cinq sens, comme la chaleur du soleil sur votre peau, le crépitement des bûches qui se consument dans la cheminée, le décor magnifique du Château Frontenac qui surplombe le fleuve Saint-Laurent, l'odeur de noix de coco de la crème que vous avez utilisée pour vous protéger du soleil, ou encore le goût inoubliable de cette crêpe au sirop d'érable que vous avez dégustée sur le parvis du Château Frontenac.

Si vous associez très fortement une émotion positive, donc verte, à la situation choisie – comme le plaisir, le bonheur ou la joie –, vous allez créer une voie neurologique positive qui vous permettra, chaque fois que vous la revivrez en imagination, de vous mettre dans un état équivalant à celui que vous avez vécu initialement.

Nous vous conseillons d'utiliser cette « technique du lieu sûr » dans l'application de la relaxation, pour créer une voie neurologique qui vous permette de vous mettre en état de relaxation à la simple représentation en imagination de la scène choisie. Voilà une manière facile de faire une relaxation « flash ». Il suffit de fermer les yeux et de revivre la situation initiale. Votre corps va immédiatement se mettre dans un état de relâchement et de détente.

Cet exercice est particulièrement profitable dans les cas de troubles de la concentration. Il permet à chacun d'entre vous, s'il est réalisé régulièrement, de pouvoir associer la séquence à la restructuration attentionnelle, pour vous reconnecter à la réalité du moment. Vous éviterez ainsi de subir tous les phénomènes parasites environnants qui contribuent à l'inattention et vous écartent de la vérité.

Lorsque vous devez réaliser un travail difficile et que vous n'arrivez pas à vous concentrer, il vous suffit de vous focaliser un court instant sur votre « lieu sûr » pour retrouver les capacités nécessaires à la bonne reprise de votre ouvrage.

Recherchez la pensée positive

Votre cerveau produit en permanence des pensées automatiques et la petite voix intérieure qui va conditionner votre comportement.

On l'a vu, ces pensées automatiques sont très souvent négatives, elles proviennent de notre enfance et se perpétuent dans des situations analogues à celles qui les ont initialisées. Pour modifier nos pensées automatiques, il est essentiel de les évaluer et de rechercher leur degré d'exactitude, ce qui va nous permettre très vite de les transformer car elles ne reposent, pour la plupart d'entre elles, que sur des erreurs de jugement et d'interprétation.

Elles dépendent directement de notre schéma « prédominant », lequel se révélera, le plus souvent, par l'activation d'une émotion qui réapparaît régulièrement.

Comme vous le savez déjà, la pensée automatique s'accompagne généralement d'une émotion qui implique un comportement. Mais, chez certains individus, c'est l'émotion qui se déclenche en premier et qui va s'accompagner d'une ou de plusieurs autres pensées automatiques. À vous de déterminer quelle est votre organisation cognitive.

Le schéma est un état affectif souvent pénible, responsable d'une douleur morale qui se reproduit dans l'ici et maintenant à la suite d'expériences délétères vécues dans l'enfance.

Conseil

Pour modifier les pensées automatiques, il faut tout d'abord les repérer, puis les évaluer et, enfin, les transformer en pensées plus rationnelles et positives.

Vous allez très vite observer, en recherchant vos pensées automatiques, qu'elles sont toutes identiques dans les mêmes genres de situations. Il suffit donc de déterminer quelles sont les situations au travail les plus pénibles pour déceler vos pensées négatives.

Exercice n° 1 : repérer les pensées automatiques

Il vous suffit de réaliser la fiche à cinq colonnes de Beck. Nous allons reprendre l'exemple cité dans le paragraphe « la restructuration cognitive » du chapitre 6.

Situation déclenchante	Émotion	Pensée automatique	Comportement	Conséquence
« Mon ordinateur tombe en panne, alors que je dois présenter mon bilan. »	Angoisse : 8/10	« Je n'ai jamais de chance. »	Je râle	Je cours partout
	Colère : 8/10	« Quelle saleté, cet ordinateur ! »	Je m'énerve	Je perds du temps
	Transpiration : 6/10	« Je ne vais pas pouvoir m'en sortir. »	Je tape sur mon bureau	Ma présentation est médiocre

Exercice n° 2 : évaluer les pensées automatiques

Reprenez chacune d'entre elles et évaluez leur exactitude sur une échelle de 0 à 10.

- « Je n'ai jamais de chance » : à combien évaluez-vous le fait que vous n'avez jamais eu de chance dans votre vie ? Après réflexion, il est probable que votre évaluation soit inférieure à 3/10.
- « Quelle saleté, cet ordinateur ! » : pensez-vous réellement que cet ordinateur n'est pas fiable ?
- « Je ne vais pas pouvoir m'en sortir » : pensez-vous vraiment que vous êtes dans l'impossibilité totale de présenter votre bilan ?

Exercice n° 3 : transformer les pensées automatiques négatives en pensées positives

Reprenez chacune de vos pensées automatiques négatives et cherchez à les rendre positives par tous les moyens.

- « Je n'ai jamais de chance » peut se transformer en : « J'ai bien préparé mon intervention, donc je pourrai m'en sortir. »

- « Quelle saleté, cet ordinateur ! » peut se transformer en : « Je connais parfaitement mon dossier. Donc, je pourrai le présenter, si nécessaire, sans support. »
- « Je ne vais pas pouvoir m'en sortir » peut se transformer en : « Jusqu'à présent, j'ai toujours assumé mes responsabilités. Donc, ma présentation se fera sans problème. »

Comme nous l'avons déjà annoncé, le contenu de la pensée automatique est en relation directe avec le schéma « prédominant ».

Mon supérieur hiérarchique me convoque pour m'informer que mes résultats ne sont pas en conformité avec les objectifs qu'il m'avait imposés. Il me conseille vivement de les améliorer d'ici la fin de l'année.

- Si je suis dans le schéma « échec », ma pensée automatique sera : « Je ne vais pas y arriver » ou « Je suis mauvais. »
- Si je suis dans le schéma « manque de reconnaissance », ma pensée automatique sera plutôt : « Je ne me sens pas reconnu » ou « Je suis nul. »
- Si je suis dans le schéma « sentiment d'injustice », ma pensée automatique sera : « Il ne m'aime pas, c'est injuste, je n'ai pas mérité cela. »
- Si je suis dans le schéma « culpabilité », ma pensée automatique sera : « Je ne suis pas à la hauteur, je ne fais pas mon travail correctement, c'est de ma faute. »
- Si je suis dans le schéma « manque d'estime de soi », ma pensée automatique sera : « Je ne suis pas à la hauteur, je ne suis pas digne de ce poste, je suis incompétent. »
- Si je suis dans le schéma « exclusion », ma pensée automatique sera : « Il cherche à se débarrasser de moi, il veut que je démissionne. »

Exercice

Sur votre cahier, vous allez transformer vos pensées automatiques négatives « rouges » en pensées positives, ou « vertes », plus réalistes et plus logiques, donc réfléchies.

Vous allez commencer par justifier la véracité de ces pensées négatives qui vous habitent. Très vite, vous allez découvrir qu'elles ne sont pas fondées et qu'elles résultent de processus cognitifs de distorsion.

Quelles sont ces distorsions cognitives ?

- **L'inférence arbitraire** : c'est le fait de tirer une conclusion sans avoir de véritable preuve, conclusion qui est généralement établie à partir de situations passées négatives et d'informations inadéquates. Ce sont souvent des réponses stéréotypées à des situations fréquemment identiques, qui vont réveiller notre schéma « prédominant » et le réactiver.

Dimitri doit présenter son bilan financier annuel. Il se dit : « Ça va mal se passer » ou « Ils me prennent pour un nul. »

Si vous vous trouvez dans cette situation, la solution efficace est de noter sur votre cahier les éléments pertinents et réalistes qui prouvent que ce que vous dites est vrai.

- **L'abstraction sélective** : elle consiste à se fixer sur un détail hors du contexte.

Boris est actuellement fatigué. Il est stressé, il rencontre quelques difficultés au travail. Son médecin lui a expliqué qu'il était dépressif. Lorsque Boris va faire le bilan de sa semaine, il ne retiendra que les moments d'incapacité à l'action.

> Si vous vous trouvez dans cette situation, la solution efficace est de dresser sur votre cahier la liste de tous les moments où vous avez été productif et efficace.

- **La minimisation et la maximalisation** : c'est le fait de minimiser ses réussites, d'accorder trop d'importance aux échecs et aux événements négatifs, et de ne pas renforcer les bons résultats ainsi que les événements heureux.

Fabrice est félicité par son supérieur hiérarchique de ses bons résultats lors de son évaluation annuelle. Il pense : « De toute façon, il dit la même chose à tout le monde », « C'était une année facile, l'année prochaine je suis certain que mes résultats ne seront pas bons ».

> Si vous vous trouvez dans cette situation, la solution efficace est d'inverser les choses, c'est-à-dire de minimiser vos échecs en recherchant leurs causes et de renforcer positivement vos réussites pour qu'elles deviennent un moteur.

- **La pensée dichotomique** : c'est le principe du « tout ou rien ».

Nicolas souhaite demander un changement de poste aux relations humaines. Il pense : « Ou ils acceptent mon changement de poste, ou je m'en vais. »

> Si vous vous trouvez dans cette situation, la solution efficace est d'apprendre à visualiser toutes les solutions possibles et de noter, sur votre cahier, les avantages et les inconvénients à penser ainsi.

- **La généralisation** : elle consiste à étendre à toutes les situations une expérience malheureuse vécue antérieurement.

La candidature de Mathias n'est pas retenue pour un poste d'infirmier hospitalier. Il se dit : « Je n'ai pas été pris, c'est normal je suis nul. »

Si vous vous trouvez dans cette situation, la solution efficace est de reporter sur votre cahier les situations où vous avez été véritablement nul. Quelle définition précise donnez-vous au mot « nul » ? S'applique-t-elle parfaitement à votre cas ?

- **La personnalisation** : elle consiste à surestimer les relations qui existent entre les événements défavorables et soi-même. Elle se traduit par le fait de ramener tous les événements négatifs à soi. Nous sommes alors dans la culpabilité totale.

Carole est architecte et travaille sur de grands projets urbains. Son dernier programme n'a pas été retenu face à une concurrence féroce. Elle se dit : « Si le projet n'est pas retenu, c'est de ma faute. »

Si vous vous trouvez dans cette situation, la solution efficace est d'écrire sur votre cahier tous les éléments réels qui font que vous pensez que vous êtes seul en cause et la responsabilité éventuelle d'autres personnes qui ont participé à ce travail.

Croyez en vous-même

Il faut croire en soi-même pour échanger avec les autres. Nous vivons dans un monde de communication où l'échange est indispensable pour évoluer. Si nous ne croyons pas en nous, nous risquons de nous replier sur nous-même, et les échanges deviendront impossibles.

Mais pour croire en soi, il faut avoir une bonne estime de soi. Cette dernière doit être nourrie en permanence pour nous assurer une vie sociale, professionnelle et familiale agréable.

Pour pouvoir lâcher prise, il faut avoir une bonne estime de soi, qui nous autorise à prendre le temps de :

- nous confronter à nous-même ;
- nous accepter comme nous sommes ;
- ne pas nous critiquer en permanence ;
- nous aimer ;
- nous féliciter lorsque nous sommes satisfaits.

Une faible estime de soi ne nous permet pas de lâcher prise, car nous sommes alors dans la culpabilité, le remords, voire la honte.

Quant à la haute estime de soi, elle considère que le lâcher-prise n'a que peu d'intérêt ; elle ne nous donne donc pas les moyens de réaliser ces techniques pourtant si utiles et si efficaces.

Conseil

Pour croire en soi, il faut :

- apprendre à se connaître ;
- apprendre à écouter les autres ;
- accepter les critiques ;
- savoir gérer ses émotions et les utiliser positivement ;
- accepter les échecs ;
- savoir s'affirmer.

Croire en soi, ce n'est pas se limiter à l'image que nous donnent les autres de nous-même, c'est avant tout prendre le temps de travailler sur soi. Cela nous fait souvent peur, et nous sommes généralement dans le déni ou l'évitement.

Alors maintenant, apprenez à vous aimer, à vous respecter, et surtout à vous autoriser à…

Appliquez le transfert émotionnel

Nous avons bien compris que toute situation déclenchante s'accompagne d'une émotion principale, d'une pensée automatique et d'un comportement qui auront des conséquences sur la suite des événements. Il est donc intéressant de travailler sur l'émotion. Nous avons déjà, dans les chapitres précédents, abordé à plusieurs reprises les différentes méthodes pour diminuer l'intensité émotionnelle afin d'éviter le « clash ».

Le transfert émotionnel est une pratique efficace, qui consiste à apprendre à passer d'une émotion négative « rouge », destructrice, à une émotion plus positive, « verte ».

Lorsque l'émotion monte, nous le ressentons à chaque instant. À un certain moment, nous allons avoir l'impression de perdre pied. Notre grande difficulté est d'arriver à maîtriser cette émotion qui nous envahit et qui va finir par nous anéantir, alors même qu'à ce moment de la situation il faut pouvoir rebondir et acquérir une énergie suffisante pour régler le problème.

Le contrôle émotionnel est essentiel pour vivre en harmonie, et chacun d'entre nous doit apprendre à l'appliquer dans de nombreuses situations, ce qui permettra d'échanger dans le respect mutuel.

Comment faire pour passer d'une émotion dévastatrice à une émotion plus créative ? Il est nécessaire, tout d'abord, de bien reconnaître les émotions objectives et positives car, la plupart du temps, nous nous retrouvons très vite engloutis dans un état émotionnel à la fois négatif, irrationnel et paralysant. Rappelons quelles sont les plus fréquentes :

- la joie ;
- le bonheur ;
- le plaisir ;
- le désir ;
- l'amour ;
- la fierté ;
- l'estime ;
- la reconnaissance.

Conseil

Lorsque vous sentez venir les difficultés et que vous risquez de perdre le contrôle de la situation, recentrez-vous sur votre respiration et laissez aller votre imaginaire pour qu'il vous emmène dans une situation déjà vécue très agréable. Instantanément, votre cerveau va s'apaiser, se déconnecter et votre corps se détendre. Vous pourrez ainsi poursuivre votre chemin dans le calme.

Vous décidez un samedi soir, après une semaine difficile, de regarder un film pour vous distraire et vous changer les idées. Vous louez un DVD qui vous est conseillé par votre vidéoclub. Après un repas goûteux, vous vous installez confortablement sur votre canapé et vous lancez votre DVD. Très vite, vous vous apercevez que le film n'a aucun intérêt et que vous vous ennuyez profondément à le regarder. Alors, vous éjectez ce DVD (qui est donc « rouge ») et, comme vous aviez l'intention de vous détendre, vous le remplacez par un DVD « vert » comme, par exemple, *Le Corniaud* ou *Le Dîner de cons*, en sachant que, même si vous le connaissez parfaitement, vous allez encore passer un bon moment et rire de bon cœur. Ainsi l'objectif de départ est atteint.

Vous êtes donc passé d'une émotion négative (la déception) à une émotion positive (le plaisir et la détente). Votre soirée restera agréable dans son ensemble.

Vous vous rendez au travail un lundi matin, sachant que vous avez un rendez-vous très important avec votre supérieur hiérarchique à 8 heures. Sur le trajet, vous rencontrez des travaux nécessitant une déviation, donc de nombreux bouchons. Vous vous apercevez, à un moment donné, que vous allez être en retard à ce rendez-vous primordial. Deux émotions vont se manifester, par exemple la colère face à ces travaux et l'angoisse à l'idée d'être en retard. Si vous ne faites pas un transfert émotionnel, vous allez inévitablement vous trouver en difficulté et vous arriverez à votre rendez-vous, certes en retard, mais en plus dans un état psychologique qui risque d'être fortement contrariant. En revanche, si vous faites un transfert émotionnel en prenant comme émotion le plaisir, c'est-à-dire que pendant votre trajet vous vous imaginez le week-end prochain avec vos amis Dupont qui doivent venir vous voir lors de leur passage à Paris, vos émotions seront différentes et vous arriverez à votre rendez-vous, peut-être en retard, mais dans un état psychologique beaucoup plus productif pour rencontrer votre interlocuteur.

Exercice

Prenez votre cahier et réalisez quelques exercices dans ce sens pour acquérir un savoir-faire qui vous sera précieux.

Familiarisez-vous avec l'ennui

Qu'est-ce que l'ennui ?

Pour nombre d'entre nous, l'ennui est synonyme de « ne rien faire ». C'est une impression de temps qui s'arrête, alors qu'en réalité il s'écoule comme l'eau d'une rivière que rien n'interrompt, avec plus ou moins de douceur, de méandres et même des zones de turbulences.

Mais pourquoi toujours chercher à combler, à occuper le temps ? Il faut apprendre à lâcher prise, à s'accorder le droit de faire un arrêt sur image, comme la péniche qui parcourt le canal du Midi : elle se laisse aller sur l'eau dans la paix et le silence, mais vous pouvez, si ça vous chante, l'arrêter pour contempler le paysage, vous charger d'images positives qui vous permettront de poursuivre agréablement votre balade sur l'eau et de ramener des souvenirs ineffaçables.

À quoi sert l'ennui ?

L'ennui permet de s'isoler, de se déconnecter de l'environnement et de se libérer. C'est un retour sur soi, une manière de se retrouver. Il permet le lâcher-prise, et surtout de ne pas s'installer dans l'hypercontrôle. Il permet aussi de se retrouver face au temps qui file, au risque de le laisser passer sans le maîtriser ni l'utiliser.

L'ennui s'apprend dès la petite enfance. Les jeunes enfants sont aujourd'hui victimes d'une vie surchargée d'activités multiples qui les conditionnent à ne pas pouvoir se concentrer. La multitude et la variété des activités peuvent bien sûr enrichir le petit enfant, mais la surcharge de travail cognitif qu'elles entraînent va bientôt se manifester par une excitation motrice, une fatigue générale et un manque de concentration.

Pour éviter ou combattre l'ennui, l'individu se force à multiplier les activités, lesquelles sont, bien souvent, vides d'intérêt. Il remplit ainsi le temps, quitte à « déborder » et devenir hyperactif. Le paradoxe est là : nous souhaitons tous avoir du temps, mais, lorsque c'est le cas, il nous fait peur.

Le cas de Brigitte

Brigitte travaille depuis plusieurs années dans une étude de notaire. Elle a 56 ans et se trouve entourée de jeunes salariés qui regorgent d'énergie.

Elle se sent bien lente par rapport à ces jeunes gens pleins d'enthousiasme. D'ailleurs, on lui fait comprendre qu'elle est « molle » et qu'on attend son passage à la retraite avec une certaine impatience. Au fil des jours, son travail devient de plus en plus ennuyeux, on lui confie quelques activités sans intérêt. Brigitte s'ennuie. Elle devient triste et attend avec hâte que s'achèvent les quelques mois qui la séparent de la retraite.

Mais comment passer cette période dans de bonnes conditions ?

Étape n° 1

Il me faut d'abord prendre conscience que ce que je vis m'ennuie, ce qui est différent que de subir l'ennui. Il est, en effet, difficile d'identifier que l'on est dans une période d'ennui, car l'ennui se traduit bien souvent par une multitude de symptômes que l'on rattache à autre chose. Cette prise de conscience va me permettre de détecter les moyens d'organiser ma vie autrement.

Étape n° 2

Déterminer, après réflexion, quelle activité, en parallèle de mon travail actuel, pourrait répondre à ma demande pour retrouver l'énergie nécessaire à la prise de la bonne décision. Cette étape est indispensable pour faire un choix.

Étape n° 3

Faire un choix de vie, soit en acceptant la situation tout en y apportant quelques modifications, soit en changeant de cap après avoir déterminé mes priorités, mes souhaits et mes besoins, dans la mesure où ils peuvent être contextuellement réalisables.

Mettez-vous « en silence »

Comme nous l'avons vu, il est important de se « mettre en silence », sachant qu'il existe deux types de silence :

- le silence extérieur ;
- et le silence intérieur.

Lorsque les deux sont en phase, c'est le vide. Or, le vide inquiète. Trop souvent le silence intérieur mène à l'angoisse, alors qu'il est le témoignage d'une paix intérieure. Toute la difficulté est de parvenir à cet état de paix intérieure en utilisant la force du silence, qui permet de se déconnecter et d'évacuer tous les phénomènes parasites environnants. Signalons que la pleine conscience, déjà décrite dans le chapitre 6, permet parfaitement d'y accéder ; il faut la pratiquer régulièrement pour qu'elle se déclenche automatiquement lorsque la situation le nécessite.

Le silence représente, pour nombre d'individus, un arrêt du temps ; c'est l'instant présent, il permet la rencontre du Je et du Moi.

Le silence fait peur. Pourtant, c'est la meilleure façon de pouvoir se ressourcer, de communiquer avec soi-même. Il traduit notre existence et il nous permet de nous reconstruire.

Le silence complet n'existe pas puisque, dans le silence, vous entendez votre cœur, votre respiration. C'est lui qui vous permet de découvrir votre identité, votre signification existentielle.

Il est inutile de chercher à abandonner son quotidien, à s'échapper, à fuir sa réalité journalière. Il faut, au contraire, se focaliser sur le présent pour le rendre productif, indicatif et directionnel.

Exercez l'attention dirigée

Il s'agit d'une méthode qui vous permet, lorsque vous êtes en difficulté de réflexion, débordé par le temps ou envahi d'une forte émotion, de contourner momentanément la situation dans le but de vous ressourcer et de découvrir les moyens efficaces pour trouver une issue avant de reprendre le cours de cette même situation.

Exercice

Pour faire cet exercice, il vous suffit d'avoir un objet sur votre bureau :

- fixez durablement cet objet, détaillez-le avec précision et grossissez-le jusqu'à ce qu'il envahisse votre pensée ;
- fermez les yeux et visualisez-le « en imagination » ;
- vous pouvez maintenant l'imaginer d'une autre couleur ;
- si vous êtes distrait ou si vous avez des pensées parasites pendant l'exercice, relaxez-vous puis recommencez l'exercice.

J'ai sur mon bureau un éléphant en jade. Lorsque je suis en situation difficile, en plein débordement émotionnel, pour éviter tout dérapage il me suffit de fixer durablement mon attention sur cet éléphant, de le détailler, de le grossir.

Ensuite je ferme les yeux, je l'imagine éventuellement entouré d'éléphanteaux dans la brousse autour d'une oasis en train de s'amuser. Je laisse courir mon imagination jusqu'à ce que mon intensité émotionnelle soit revenue à un niveau qui me permette de reprendre en main la situation abandonnée momentanément.

Chapitre 12

Quelques conseils pour bien vivre **au quotidien**

Bien dormir

Le sommeil est indispensable pour vivre, il permet d'éliminer la fatigue de la journée. Il permet aussi de métaboliser et de stocker toutes les informations importantes, ce qui explique son rôle fondamental dans la mémoire. Un bon sommeil est nécessaire pour votre bien-être, pour votre efficacité, pour votre équilibre physiologique.

La plupart des travailleurs se plaignent d'avoir un mauvais sommeil, d'être fatigués le matin, de ne pas avoir envie d'aller travailler. Nous connaissons tous le « blues » du dimanche soir. Le sommeil est souvent responsable d'angoisses, la pensée automatique classique au moment d'aller se coucher étant : « Est-ce que je vais m'endormir ? »

La peur de ne pas dormir devient, chez certains, une véritable pathologie engendrant la création de rituels, comme la pose de bouchons d'oreilles ou le retard, au maximum, de l'endormissement dans l'espoir que l'épuisement l'emportera. Ces méthodes ne sont pas adaptées et ne donneront jamais un sommeil de qualité, car le sommeil obéit à des règles de bon sens que nous vous proposons d'appliquer avec exactitude.

Qu'est-ce qu'un bon sommeil ?

C'est avant tout un sommeil réparateur, mais aussi un sommeil compensateur qui vous permet de retrouver à la fois les conditions physiques et mentales qui sont nécessaires au bon déroulement d'une journée qui commence.

Avoir un bon sommeil, c'est se réveiller le matin sans difficulté, en forme, prêt à démarrer avec plaisir une nouvelle aventure. Avec cette impression trop rare d'avoir passé une bonne nuit, vous y voyez clair, votre corps est léger, toutes les circonstances sont rassemblées pour vous donner l'envie d'entreprendre.

Chacun a son rythme de sommeil, qu'il doit respecter et optimiser.

La durée du sommeil

Elle est très variable d'un individu à l'autre, mais vous pouvez retenir qu'il est conseillé de dormir :

- 9 heures avant 20 ans ;
- 8 heures entre 25 et 50 ans ;
- 7 heures à partir de 50 ans ;
- ensuite, le sommeil diminue.

Il vaut mieux avoir un sommeil court et profond qu'une longue nuit agitée parsemée de réveils fréquents.

Les principales causes d'insomnie

- Les conflits familiaux ;
- les conflits professionnels ;
- le stress ;
- les chocs affectifs ;

- le décès d'un proche ;
- un rythme de travail trop intense ;
- le travail de nuit ;
- l'hyperactivité physique ;
- la dépression ;
- l'anxiété ;
- certains traitements médicaux ;
- les décalages horaires.

Vous allez donc déterminer quelle est la cause de votre problème de sommeil. Ensuite, il vous suffira d'appliquer la méthode qui vous redonnera le sommeil, en utilisant les différents outils décrits ci-après.

Les conséquences d'un sommeil imparfait

- La fatigue ;
- la dépression ;
- les céphalées ;
- les lombalgies ;
- les conjonctivites ;
- des troubles digestifs variés ;
- des difficultés de concentration ;
- des troubles de la mémoire.

Ce qu'il faut faire

- Se coucher presque toujours à la même heure ;
- avoir une literie de bonne qualité ;
- dormir dans une chambre qui ne soit pas surchauffée (au maximum 20 °C) ;
- préparer son sommeil : attention à la télévision qui, souvent, entraîne une hypervigilance et un état d'excitation qui sont néfastes à l'endormissement, ainsi qu'un décalage dans votre horaire qui doit être régulier ;

- prendre un bain tiède pour se décontracter et obtenir un relâchement musculaire favorable à l'endormissement ;
- pratiquer la respiration abdominale que vous connaissez bien ou une mini-relaxation, pour arriver à un cycle respiratoire très ralenti, l'objectif étant d'atteindre 4 à 5 cycles respiratoires par minute ;
- s'installer dans une « scène » réelle ou imaginaire plaisante pour initialiser le stade 1 du sommeil qui correspond à l'assoupissement.

Ce qu'il ne faut pas faire

- Regarder la télévision trop tard, commencer un livre passionnant ou écouter de la musique assourdissante ;
- rester dans son lit lorsqu'on est réveillé. Il vous est conseillé, dans ce cas, de vous rendre au salon pour lire tranquillement ou de faire une activité douce en attendant que la prochaine vague de sommeil apparaisse ;
- développer des pensées négatives comme :
  - « Il faut absolument que je dorme »,
  - « Demain, je vais être très fatigué »,
  - « Je ne vais pas pouvoir assumer ma journée » ;
- installer des rituels ;
- consommer des excitants le soir.

Les principaux moyens pour retrouver le sommeil

La relaxation rapide

C'est certainement la méthode la plus efficace, mais aussi la plus difficile à appliquer. Elle ne convient pas à tous les individus, et en particulier à ceux qui sont toujours dans l'hypercontrôle.

Cette technique, déjà décrite plus haut, est fondée avant tout sur le relâchement musculaire, la sensation de chaleur et de pesanteur du corps, avec un retour régulier sur la respiration.

L'homéopathie

Cette médecine alternative apporte une aide précieuse à tous les individus qui, le soir, commencent à paniquer à l'idée d'aller se coucher et de ne pas pouvoir dormir. Nous avons là une réponse efficace, non toxique et pratique.

Voici quelques conseils.

- Si votre activité professionnelle est intense, si vous consommez trop d'excitants, si vous vous sentez irritable surtout le soir et si vous vous réveillez deux ou trois heures après vous être endormi et vous rendormez juste avant que le réveille ne sonne :

nux vomica 9 ch

- Si vous êtes hypersensible aux émotions, aux chagrins, aux différentes contrariétés, déclenchant des pleurs, une oppression respiratoire, une sensation de boule dans la gorge et de nombreux soupirs :

ignatia 9 ch

- Si vous êtes hypersensible aux mauvaises nouvelles, avec des tremblements, un abattement et un trac d'anticipation :

gelsemium 15 ch

- Si vous vous sentez déprimé, fatigué, indifférent à tout ce qui vous entoure avec une nette tendance à vous renfermer sur vous-même :

natrum muriaticum 15 ch

- Si vous vous sentez surexcité, que vous n'arrivez pas à trouver le sommeil par suractivité mentale – vous n'arrêtez pas de penser, de retracer votre journée et de préparer la suivante :

coffea 9 ch

- Si vous vous sentez agité, nerveux et que vous avez tendance à ne vous endormir qu'au petit matin :

valeriana 9 ch

- Si vous présentez des difficultés d'endormissement par surmenage intellectuel, avec un état de tristesse, de découragement, d'irritabilité accru :

kalium phosphoricum 7 ch

- Enfin, une formule composée très pratique et souvent utilisée :

passiflora composé

Posologie : prenez trois granules du médicament choisi, laissez-les fondre très lentement dans la bouche avec la salive. Vous pouvez renouveler la prise une ou deux fois dans la soirée, si nécessaire.

La phytothérapie

Très utilisée et efficace, elle permet de ne pas avoir recours systématiquement aux somnifères. Nous vous proposons essentiellement les plantes suivantes.

- **L'aubépine (ou *Crataegus oxyacantha*)** est une plante sédative du système nerveux, plus particulièrement du système sympathique ; elle est donc appropriée si vous êtes agité, le soir, avant de vous endormir. Elle a une action privilégiée sur l'appareil cardio-vasculaire, elle rend de grands services lors des crises de palpitations nerveuses qui surviennent à l'endormissement.
- **L'escholtzia** a une action neurosédative et hypnogène. Elle est très intéressante dans les cas d'insomnie avec difficulté d'endormissement et des réveils nocturnes fréquents. Elle convient parfaitement aux personnes qui souffrent d'un surmenage intellectuel.
- **La passiflore** convient particulièrement aux individus anxieux et hyperexcitables. Elle favorise un sommeil équilibré en diminuant la tension nerveuse et la tension psychique.
- **Le tilleul (ou *Tilia tomentosa*)** présente une action antispasmodique sur les problèmes de tensions musculaires. C'est un bon sédatif qui calme l'agitation des personnes irritables.
- **Le houblon (ou *Humulus lupulus*)** est une plante calmante et antispasmodique qui favorise l'endormissement.

Posologie : ces produits existent en teinture mère ou TM, prenez de 50 à 80 gouttes le soir dans un verre d'eau froide, ou en gélules, à raison de 2 ou 3 gélules le soir.

Enfin, vous trouverez aussi en pharmacie des produits qui sont des associations de plusieurs plantes comme la Spasmine®, le Vagostabyl®, le Tranquital®, le Sympaneurol®, la Valactine®. Ils peuvent vous aider à vous détendre pour amorcer votre sommeil.

Les oligoéléments

Les deux principaux sont :

- **le magnésium** pour son action antispasmodique et calmante chez les individus anxieux, fatigués et sujets aux crampes ;
- **le lithium** qui agit chez les grands anxieux, et les individus à tendance dépressive et à l'humeur changeante.

Dormir, c'est vivre. Pour bien vivre, il faut dormir.

Bien réussir sa journée au travail

Pour réussir sa journée, il faut avant tout la préparer, l'organiser et tout faire pour ne pas la subir. De plus en plus d'individus se plaignent, en effet, d'être obligés de supporter leur journée de travail, qui devient une véritable torture. Nous sommes tous contraints de réaliser notre journée avec tous ses aléas, ses nombreuses contraintes, et une peur permanente de l'avoir ratée.

Qu'est-ce qu'une journée de travail ?

On pourrait comparer une journée à une mini-vie sur un jour ; c'est environ un trente millième de vie, si l'on considère que notre espérance de vie se situe aux alentours de 80 ans.

C'est un abrégé de vie qui passe à toute allure, que nous avons du mal à contrôler puisque tout va de plus en plus vite ; et nous nous retrouvons, au terme de notre vie comme à la fin de notre journée, incapables de définir ce que nous avons fait, mais très souvent conscients de ce que nous n'avons pas fait...

L'objectif est d'aborder cette fin de journée avec le plaisir et la satisfaction d'avoir accompli quelque chose de positif, et de savoir se récompenser soi-même de cette belle journée.

Tous les petits soucis d'une journée doivent être reconnus avec précision, inscrits sur votre cahier et traités afin d'éviter de les retrouver ou de les reproduire le lendemain.

Comment vivre sa journée avec efficacité ?

On pourrait donc considérer les différents moments de la journée comme les différentes étapes de la vie...

Le lever du jour

Il représente la naissance. Et qui dit naissance dit découverte, commencement, envie d'aller plus loin, de poursuivre quelque chose qui démarre et s'annonce riche en surprises.

Le nouveau-né est un véritable radar qui capte toutes les informations qui lui arrivent, et essaie de les traiter pour progresser et faire plaisir à la personne qu'il considère comme sécurisante.

Nous sommes dans la période de mise en route de notre corps, qui sort tout juste du « néant ». Nous sommes assaillis, déjà, d'informations que nous allons traiter pour faire démarrer cette merveilleuse machine qui va obéir aux ordres que nous allons lui donner.

Mais attention au traitement des informations matinales car il va conditionner votre comportement ultérieur.

Si je me dis en me réveillant :
- « Encore une journée de galère »
- ou « J'en ai marre »
- ou « Je n'ai pas envie de me lever »
- ou « Rien de bien intéressant au programme »,

il est clair que la journée sera à la fois pénible et négative.

Au contraire, si je me réveille en pensant :
- « Encore une belle journée qui démarre »
- ou « Je suis heureux de débuter cette journée pour réaliser des choses intéressantes »
- ou « Il est évident que cette journée sera plaisante, efficace et très riche »,

alors la journée risque d'être réussie.

La matinée

Elle correspond à l'enfance et à l'adolescence. C'est la période :
- d'éveil ;
- des apprentissages ;
- du plaisir de découvrir.

C'est pendant la matinée que j'emmagasine de l'énergie pour préparer et assumer le reste de la journée.

La pause de midi

Elle est conditionnée par le repas qui correspond à l'entrée dans la vie active. Il doit être parfaitement équilibré puisqu'il doit apporter l'énergie et les éléments nécessaires au bon fonctionnement de l'organisme qui doit poursuivre sa journée.

L'après-midi

Elle correspond à l'application des activités qui découlent des informations matinales dans un souci d'efficacité, de stratégies, voire de rentabilité. C'est la période de vie active avec ses difficultés, ses tracas, mais aussi ses plaisirs.

↓

Le repas du soir

Il correspond à la période de la retraite. Une période d'apaisement, de repos, de réflexion et de préparation à une finalité.

↓

La nuit

Lorsqu'elle est bien préparée, elle correspond à une période de repos, de tranquillité et, bien sûr, d'espoir de poursuivre ce qui a été commencé, ou de laisser une image de soi qui traversera les générations et entrera dans l'immortalité.

Elle peut être interprétée comme une cessation de la vie avec, souvent, cette angoisse existentielle de ne pas se réveiller.

Le grand problème actuel est qu'il faut travailler dans l'urgence, que nous n'avons plus le temps de faire correctement les choses. Cela induit des angoisses, déclenchées par le fait que nous ne travaillons pas en conformité avec nos valeurs de référence.

Nous nous retrouvons à la fin de la journée sans l'avoir vraiment vécue. Il ne nous reste qu'un vague souvenir, le plus souvent stérile, déclencheur d'émotions nocives, tout comme nous passons de la vie à la mort en un rien de temps avec le regret de ne pas avoir profité du temps, de ne pas avoir réussi à réaliser certains projets nécessaires à notre épanouissement personnel.

Alors, comment passer une bonne journée ?

Il faut apprendre à se désengager d'un processus automatique et s'engager dans un processus conscient.

Nous devons nous autoriser à créer, dans la journée, des parenthèses temporelles, des arrêts sur image pour nous reconnecter à nos valeurs, ce qui est indispensable pour remettre le cap sur nos véritables objectifs. Il faut savoir rétablir des moments de silence qui nous conduiront à notre vie intérieure, à notre Moi, et nous insuffleront de l'énergie positive nécessaire au déroulement serein de notre journée.

Bien manger

Pourquoi manger ?

Aujourd'hui, on associe trop souvent l'alimentation au paraître, aux critères de la mode, au poids du corps. Cela crée des contraintes qui annihilent le plaisir de manger.

L'alimentation doit devenir une science normative pour assurer un double rôle :

- sustenter le corps ;
- nourrir l'esprit.

L'alimentation fait appel à vos cinq sens. Il est nécessaire d'en prendre conscience pour profiter pleinement de cette nourriture qui doit vous apporter les substances dont votre corps a besoin pour vivre – pour ne pas s'affaiblir et donc ne pas disparaître –, mais qui doit également vous procurer des délices, lesquels sont nécessaires à votre plénitude.

L'alimentation ne peut plus être un simple approvisionnement ni une tradition élémentaire, elle doit devenir une expérience épicurienne qui conduit à majorer votre énergie vitale.

Une alimentation mal équilibrée entraîne souvent des pathologies comme :

- le diabète ;
- l'hypertension artérielle ;

- l'hypercholestérolémie ;
- l'hypertriglycéridémie ;
- les maladies cardio-vasculaires ;
- un dysfonctionnement hépato-vésiculo-intestinal ;
- l'ostéoporose.

Il ne faut pas considérer la nourriture comme un simple carburant, mais comme une essence indispensable à la sublimation.

Se nourrir doit être considéré comme un plaisir auquel vous pouvez accéder en utilisant, par exemple, la technique de la pleine conscience qui comporte des exercices formels, dont l'objectif est : apprendre à se centrer sur le goût de chaque aliment, fermer les yeux et imaginer sa texture, sa couleur, sa saveur, sa subtilité et tout le plaisir qu'il vous procure en bouche. Pour cela, il vous est conseillé de relever vos aliments avec des épices et de vous initier à la cuisine crétoise, qui reste actuellement la plus recommandée pour un bon fonctionnement général de l'organisme.

Comment bien manger ?

Attention aux régimes : aucun n'est reconnu comme véritablement efficace. Certains peuvent vous aider à perdre quelques kilos, mais à quel prix ? Généralement, ils rendent frustré et irritable, et, en plus, vous reprenez souvent les kilos perdus, ce qui est toujours décevant.

Bien se nourrir, c'est avoir du bon sens, c'est-à-dire équilibrer correctement les glucides, les lipides et les protides.

Nous vous proposons un protocole très simple qui a parcouru le temps, toujours avec succès :

- un petit déjeuner abondant le matin pour mieux démarrer la journée ;
- un repas de midi équilibré et complet ;
- une éventuelle collation vers 16-17 heures ;
- un repas léger le soir pour mieux préparer votre sommeil.

Trop souvent, nous faisons l'inverse : nous prenons un petit déjeuner très léger, parfois même inexistant, à midi nous déjeunons sur le pouce un sandwich ou un plat préparé dont nous ignorons la composition et, le soir, nous nous gavons car c'est le moment de la journée où nous nous relâchons, nous nous détendons, nous avons envie de nous faire plaisir et nous avons bien raison, mais pas n'importe comment. Vous allez maintenant apprendre à changer vos habitudes alimentaires tout en conservant le bonheur de manger.

Quelques idées de menus

Petit déjeuner

- 2 tranches de pain grillé avec un peu de beurre et un film de confiture ;
- un yaourt ;
- une petite salade de fruits frais ;
- un café ou un thé.

Ou :

- 3 biscottes avec un peu de beurre et un film de confiture ;
- 2 portions de Saint-Moret ;
- un fruit ;
- un café ou un thé.

Ou :

- 1 œuf à la coque ;
- 3 Cracotte avec un peu de beurre et un film de confiture ;
- un fruit ;
- un café ou un thé.

Ou :

- une tranche de jambon blanc ;
- une tranche de pain grillé avec un Babybel ;

- un fruit ;
- un café ou un thé.

Ou encore :
- un bol de céréales avec du lait demi-écrémé ;
- une petite salade de fruits frais ;
- un café ou un thé.

Déjeuner

- Une salade verte, de tomates, d'endives ou de carottes ;
- soit un poisson cuit en papillote + 2 pommes vapeur ou du riz, ou encore de la ratatouille ;
- soit un steak grillé + des haricots verts ou des courgettes, ou encore des brocolis ;
- un Babybel ou un fruit.

Repas du soir

- Des crudités variées ou un potage de légumes frais, ou encore une petite salade composée ;
- une tranche de rôti de veau ou une cuisse de poulet, ou 2 tranches de jambon blanc, ou une tranche de saumon fumé, ou encore 150 grammes de pâtes aux champignons ;
- une crème caramel ou un quart d'ananas frais, ou encore un yaourt.

En cas de petite faim vers 16 ou 17 heures, vous pouvez manger quelques fruits secs, ou un ou deux carrés de chocolat, ou encore une banane.

Les boissons

Il est important de boire en quantité. Votre corps a besoin d'eau car il en perd environ deux litres chaque jour par les urines, la transpiration, les selles, l'évaporation pulmonaire. Une partie de cette eau est fournie par les aliments, mais le principal fournisseur reste la boisson.

> **Conseil**
> Boire suffisamment et régulièrement de l'eau (environ un verre d'eau toutes les deux heures).

Il existe de nombreuses eaux minérales qui sont adaptées plus spécifiquement à certains besoins :

- troubles digestifs : eaux riches en bicarbonates ;
- fatigue : eaux riches en magnésium ;
- ostéoporose : eaux riches en calcium ;
- pour éviter la prise de poids : eaux riches en sulfates.

Pour bien faire votre choix, il vous suffit de lire les étiquettes sur les bouteilles. Elles apporteront les réponses à vos besoins personnels.

L'alcool

Il est classique de conseiller de un à deux verres de vin par jour. Évitez une consommation régulière d'alcool, surtout pour vous prévenir d'une addiction.

L'alcool doit rester un plaisir occasionnel à partager avec les autres, et non devenir une habitude pour oublier les tracas quotidiens.

Ce qu'il faut faire

- Déguster une cuisine faite maison avec des produits frais.
- Manger à des heures fixes.
- Boire plus d'un litre d'eau par jour, entre les repas.
- Ne pas dépasser deux cafés par jour.
- Mâcher lentement et profiter du repas comme un moment de détente.

Ce qu'il ne faut pas faire

- Grignoter entre les repas.
- Ne pas déjeuner le matin.

- Manger sur le pouce.
- Manger des sandwichs ou dans des fast-foods.
- Trop manger le soir.

Bien manger, c'est édifier et fertiliser son Moi.

Accepter de changer

Pourquoi changer ?

Tout d'abord, un petit mot sur l'identité d'un individu, qui est la relation qu'il cultive avec lui-même tout au long de sa vie. Si cette relation se transforme en souffrance, il est indiqué d'envisager le changement.

C'est la relation insupportable à soi-même qui est l'élément déclencheur de changement.

Pour changer, il faut malheureusement souvent souffrir et cette souffrance doit être inacceptable pour initialiser le changement. En effet, un individu qui souffre sait vivre avec sa souffrance ; il a l'habitude de la gérer, elle fait partie de son quotidien. Il l'accepte telle quelle, il a grandi et évolué avec elle. Il arrive à la supporter, il a acquis des procédures qui lui permettent de poursuivre son chemin. C'est pourquoi ce n'est que lorsque cette douleur devient insupportable qu'il peut vraiment envisager le changement.

Il faut être prêt pour changer. Il faut se préparer, être demandeur et savoir se faire aider pour pouvoir réaliser avec succès cette transformation.

Les conditions du changement

Pour changer, il faut être motivé, avoir une volonté à toute épreuve et comprendre pourquoi on veut changer, quels sont les intérêts qui découleront de ce changement. Ainsi, pour changer, il faut avant tout le vouloir.

Tout changement imposé ne fonctionne pas ; il n'aboutit pas car l'individu se met en position d'opposition.

Les forces qui empêchent tout changement sont essentiellement :

- la passivité ;
- la peur ;
- le doute ;
- la révolte.

Pour changer, il faut passer par une période d'apprentissage. Il faut surtout accepter de vouloir changer, ce qui permettra d'évoluer dans ses comportements, de modifier sa perception du monde et de corriger les situations qui se reproduisent en boucle et conduisent inexorablement à l'inconfort et à l'inertie.

Pour changer, il faut travailler sur l'acceptation de son passé et des situations antérieures. Il faut, en quelque sorte, en faire le deuil sans porter de jugement, sans regretter et, surtout, sans vouloir punir autrui. Si vous restez dans le déni ou l'évitement, vous n'évoluerez pas et vous risquez alors de vous installer dans la révolte, le regret ou encore l'abandon, alors qu'il faut travailler sur des objectifs précis qui vont vous mener à l'acceptation, l'intégration, au réalisme et à l'efficience.

Un modèle vertueux de changement

Première étape

Vous allez décider ce que vous espérez vraiment. Il faut alors définir les obstacles possibles et entrevoir déjà les buts souhaités et réalisables.

Deuxième étape

Il faut mettre en route la motivation, avoir une grande volonté et ne pas se remettre en question en permanence. Ce n'est que lorsque la douleur est trop intense que la motivation deviend efficace.

Il suffit d'associer une émotion très négative au fait de rester dans la situation actuelle et de la transformer en émotion très agréable si votre changement s'opère dans la promptitude.

Si vous associez plus de souffrance au fait de changer qu'au fait de ne pas changer, le changement ne pourra pas se réaliser.

Troisième étape

Acceptez d'abandonner votre ancien modèle, sinon vous allez constamment vous retrouver en situation d'échec puisque le même modèle donne toujours les mêmes résultats.

Lorsqu'un système ne fonctionne pas, il est inutile de le reproduire indéfiniment. Il suffit d'en changer pour modifier les résultats, et donc obtenir une évolution comportementale.

Quatrième étape

Définissez un nouveau modèle plus énergique, plus rationnel, plus fonctionnel.

Cinquième étape

Mettez en application ce nouveau modèle en utilisant tous les outils que vous avez découverts dans cet ouvrage. Ils vous permettront de le reproduire afin qu'il se transforme en une procédure menant au succès personnel.

Ce nouveau protocole doit absolument s'accompagner d'une émotion positive intense pour favoriser une voie neurologique qui lui permette de se reproduire sans difficulté.

Sixième étape

Il faut renforcer le nouveau comportement par une récompense, qui doit être variable et surprenante pour être efficace.

Septième étape

Après la mise en application de ce nouveau modèle, jugez de son efficacité et du bien-être qu'il peut vous apporter.

Construire sa philosophie de vie

Construire sa philosophie de vie, c'est apprendre à vivre en fonction de ses propres valeurs, en les respectant et en sachant les utiliser au bon moment. C'est un travail assez difficile qui mérite d'être développé pour vivre son quotidien le mieux possible dans le monde qui nous entoure.

Nous sommes tous des ascètes : nous subissons les événements, lesquels ont des conséquences qui nous pourrissent parfois la vie.

Comment faire ?

Nous allons travailler sur la notion d'acceptation (ou « permission ») pour vivre dans l'autorisation, et non dans la soumission et l'interdiction.

L'acceptation n'est pas un chemin sans issue, mais une autoroute qui conduit au succès ; c'est le starter qui permet de réorienter sa route, de se retrouver dans la réalité, et non dans sa vérité.

On ne peut pas refuser la vie. C'est un système qui évolue à chaque instant, qui bouge sans arrêt et qu'il faut accepter pour en retirer tous les bénéfices offerts en permanence.

Lorsqu'un problème survient, apprenez à l'accepter et surtout à ne pas le refuser, ni à vous résigner car vous courez alors à l'échec. L'accepter, c'est vous donner les moyens de déceler la bonne stratégie pour trouver la bonne solution dans le calme.

Accepter, c'est agir avec liberté, sans pression, sans violence et sans gêne pour mieux s'accomplir.

Conseil

Accepter n'est pas abdiquer, mais prendre l'instant présent comme il vient, et piocher dans ma « boîte à outils » tous les instruments qui me permettront de le négocier avec recul et sagesse.

Il faut accepter que les difficultés, les ennuis et les tracas existent, ce qui permet de trouver les solutions adéquates pour les supprimer. Si vous les refusez, vous allez vous mettre en situation d'échec, et donc réactiver votre schéma « prédominant », ce qui se traduit bien souvent par l'apparition d'émotions comme la panique, l'angoisse ou encore la colère.

Accepter :

C'est	Ce n'est pas
Agir	Se laisser faire
Construire	Se résigner
Avancer	Supporter
Comprendre	Endurer
Avoir de la volonté	Souffrir
Consentir	Obéir
Analyser	Dire oui à tout
Changer	Se soumettre
S'engager	
Se donner toutes les chances	

Sylvie est secrétaire comptable dans une petite entreprise familiale qui connaît des problèmes de trésorerie. Elle reçoit une lettre de licenciement économique car l'entreprise doit faire des économies. Sylvie n'accepte pas cette décision et se met en arrêt maladie pour syndrome dépressif réactionnel.

Le fait de ne pas accepter la situation rend Sylvie aussitôt vulnérable. Elle doit supporter sa tristesse, elle réactive son schéma « échec » et va avoir toutes les difficultés pour se soigner dans un premier temps, puis pour retrouver du travail ensuite. De plus, elle gardera probablement quelques séquelles de cette période mal vécue.

Si Sylvie avait accepté la réalité, à savoir cette lettre qui l'informe de son licenciement économique, elle aurait pu agir, se renseigner sur ses droits, discuter et trouver un compromis avec sa hiérarchie, et se donner les moyens de chercher sans attendre et dans les meilleures conditions un nouveau travail.

Joseph, cadre dans une entreprise, apprend par ses collègues qu'un poste va se libérer en interne. Ce serait pour lui une promotion, puisqu'il travaille depuis plusieurs années dans cette entreprise sans avoir vraiment eu de reconnaissance ni de véritable récompense.

Joseph organise donc sa demande de promotion et met tout en œuvre pour obtenir ce poste qui semble lui convenir. De nombreux entretiens s'enchaînent, mais, très vite, il est convoqué et on lui annonce que cet emploi a été proposé à une personne extérieure à l'entreprise.

Devant cette réalité qu'il considère comme injuste, il commence à présenter quelques troubles de l'humeur, se renferme sur lui-même, a des réveils nocturnes fréquents et une baisse de l'appétit, qui se traduit rapidement par un amaigrissement de cinq kilos. Nous voyons bien qu'il n'a pas accepté le choix des ressources humaines, qu'il s'est résigné, ce qui s'est traduit par un cortège de symptômes qui le rendent vulnérable. Il souffre, il se retrouve dans un schéma « manque d'estime de soi » qui va le conduire à rester de nombreuses années à ce poste qu'il ne supporte plus, avec un sentiment d'injustice et de frustration qui rendra sa guérison beaucoup plus difficile.

Si Joseph avait accepté la décision, il aurait pu immédiatement agir, avancer dans sa réflexion, chercher à comprendre pourquoi il n'a pas eu le poste, analyser la situation et aller en discuter avec les ressources humaines qui lui auraient fourni les raisons du choix, ce qui lui aurait permis de corriger, peut-être, quelques erreurs et de s'engager dans une démarche positive pour éventuellement chercher du travail ailleurs ou, tout simplement, expliquer ses motivations à sa hiérarchie, qui n'avait pas compris que Joseph, si calme et peu démonstratif, souhaitait un changement de poste.

L'acceptation conduit à l'apaisement. Elle permet le changement et l'adaptation à une situation réelle. Elle donne la force et l'énergie nécessaires à la poursuite de notre destinée.

Modèle d'une journée parfaite au travail pour se sentir épanoui en 13 étapes

Valérie se lève le matin pour aller au travail. Elle est assistante de gestion dans une PME qui emploie 70 salariés.

Étape 1

Avant de se lever, elle reste quelques minutes dans son lit et se représente « en imagination » dans un endroit qu'elle affectionne tout particulièrement.

Étape 2

Elle fait quelques exercices de respiration abdominale.

Étape 3

Lorsqu'elle fait sa toilette, elle réalise un exercice de *mindfulness* en se brossant les dents, c'est-à-dire qu'elle développe toutes les sensations qu'elle ressent à l'instant présent. Donc, elle se focalise sur l'action en cours.

Étape 4

Lorsqu'elle prend sa voiture pour se rendre sur son lieu de travail, elle branche sa radio sur une station humoristique, ce qui lui permet de rester dans une phase positive.

Étape 5

À son arrivée au travail, elle va prendre un petit café et saluer ses proches collaborateurs et collaboratrices.

Étape 6

Dans son bureau, elle commence par trier les informations et traite l'urgence du moment sans être dérangée.

Étape 7

Elle se fixe quelques créneaux horaires pour se rendre disponible aux autres en cas de nécessité.

Étape 8

Au cours de la matinée, si elle ressent une montée émotionnelle, elle applique d'office la méthode de l'attention dirigée, c'est-à-dire qu'elle porte toute son attention sur un objet situé sur son bureau jusqu'à ce qu'il envahisse totalement son esprit. En fermant les yeux un court instant, elle va l'imaginer tel qu'il est en réalité, et ne pas céder aux bruits parasites environnants.

Étape 9

Pendant la pause de midi, elle va s'astreindre à un repas équilibré, si possible dans le silence pour s'assurer une bonne digestion.

Étape 10

Elle fait une courte sieste.

Étape 11

Elle reprend ses activités en se concentrant sur son travail et en se libérant des contraintes habituelles.

Étape 12

De retour à la maison, elle va brancher sa radio sur des airs musicaux qu'elle apprécie pour décharger en grande partie tout le stress accumulé pendant la journée afin d'être détendue et de pouvoir communiquer harmonieusement avec les membres de sa famille.

Étape 13

Avant de s'endormir, elle refait quelques exercices de respiration qui vont la conduire sans aucune difficulté vers un sommeil réparateur, lequel lui permettra, le lendemain, d'avoir l'énergie et le tonus nécessaires pour attaquer une nouvelle journée.

Conclusion

Carte d'identité professionnelle du **travailleur méritoire**

Pour travailler dans le plaisir et l'efficacité, il est nécessaire d'avoir des qualités humaines. Mais encore faut-il savoir les mettre en valeur pour obtenir l'estime, la reconnaissance, la récompense souhaitée, ou encore de l'avancement.

Il faut donc être…

Authentique

C'est une personne qui se sent détendue, en harmonie avec :

- les individus ;
- la situation présente ;
- ses émotions ;
- ses sentiments ;
- ses pensées ;
- le problème qui doit être résolu.

Elle travaille dans l'assertivité, c'est-à-dire dans le respect mutuel.

Elle est responsable, sincère, on peut s'appuyer sur elle. Elle ne travaille jamais dans le superflu, mais en profondeur, dans l'action, et se révèle fiable.

Chaleureux

C'est un être qui manifeste de la chaleur, qui est rayonnant, qui donne l'envie, qui dégage une certaine admiration et incarne le dévouement.

Juste

C'est quelqu'un d'équitable, d'honnête, qui est conscient de ses devoirs et respecte l'autre. Il travaille dans la précision et dans le respect des valeurs fondamentales.

Rassembleur

Il n'est pas question de chercher à diviser ou à se débarrasser des autres. Il faut, au contraire, déceler leur potentiel qui permettra d'augmenter leur efficacité, et donc leur productivité. Il est nécessaire qu'ils se sentent impliqués dans les actions en cours.

Il est important de responsabiliser l'autre pour qu'il s'investisse et qu'il puisse ainsi donner le meilleur de lui-même.

Pragmatique

C'est un individu qui est dans la réalité, qui a une manière pratique de gérer les situations. Il est dans le concret pour aboutir à l'efficacité.

Il est toujours objectif, travaille dans l'action et se révèle très souvent réaliste.

Empathique

C'est un individu qui essaie de comprendre les émotions de l'autre. Il se met à sa place, mais sans qu'il y ait un transfert affectif, et sans porter de jugement, avec l'objectif de placer cet autre face à son problème et de l'amener à trouver la meilleure solution.

C'est une approche cognitive et non pas affective, qui cherche à comprendre l'émotion de l'autre sans s'identifier à l'autre.

Être empathique, c'est être bienveillant et médiateur.

Confiant

La confiance en soi est la base de tout équilibre de vie. C'est l'ingrédient essentiel pour réussir sa vie, tant professionnelle que personnelle.

Nous le savons maintenant, la confiance en soi prend ses racines dans l'enfance grâce au soutien et à l'affection de nos proches. C'est à cette période de la vie que nous pouvons acquérir les compétences nécessaires à notre épanouissement, à savoir prendre les décisions légitimes qui nous permettront d'assumer nos responsabilités, savoir déléguer, faire des choix, être à l'écoute, se confronter aux autres et développer notre capacité à rassembler, entraîner et partager pour conduire les autres vers un but commun.

Il est donc essentiel de comprendre son schéma « prédominant » et de travailler dessus pour le rendre efficace et opérationnel.

C'est en ayant confiance en nous que nous pouvons donner confiance aux autres.

Négociateur

Il n'est pas conseillé de diriger uniquement par la force ou l'autorité. Il faut savoir négocier, c'est-à-dire prendre en considération toutes les données du problème, partager les idées, les mettre en conformité pour aboutir à un compromis. Pour cela, il est nécessaire d'inciter l'autre à s'investir dans le projet et de respecter ses opinions.

Les qualités humaines du travailleur méritoire

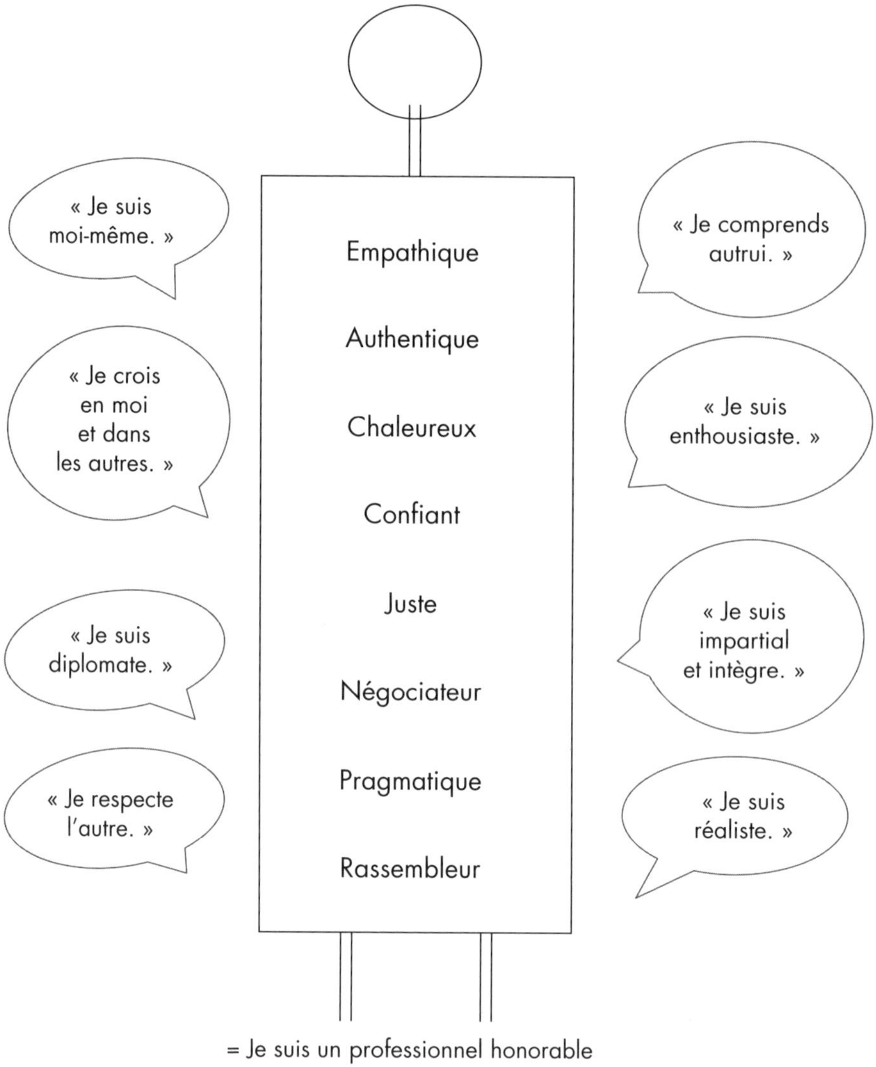

Bibliographie

André Christophe, *Imparfaits, libres et heureux – Pratiques de l'estime de soi*, Odile Jacob, 2006.

André Christophe, Lelord François, *L'Estime de soi – S'aimer pour mieux vivre avec les autres*, Odile Jacob, 2008.

Aubert Nicole, Gruère Jean-Pierre, Jabes Jak, Laroche Hervé, Michel Sandra, *Management*, PUF Fondamental, 1996.

Bandler Richard, Grinder John, *Les Secrets de la communication – Les techniques de la PNL*, Le Jour Éditeur, 1982.

Beck Aaron T., *La Thérapie cognitive et les troubles émotionnels*, De Boeck, 2010.

Bellenger Lionel, *La Confiance en soi – Avoir confiance pour donner confiance*, ESF Éditeur, 1999.

Berne Éric,
Que dites-vous après avoir dit bonjour ?, Tchou, 1999.
Des jeux et des hommes, Stock, 2003.

Comte-Sponville André, *Dictionnaire philosophique*, PUF, 2001.

Cottraux Jean,
Les Thérapies cognitives – Comment agir sur nos pensées et nos émotions ?, Retz, 2001.
Thérapie cognitive et émotions – La troisième vague, Masson, 2007.
Psychologie positive et bien-être au travail, Elsevier Masson, 2012.

CUNGI Charly, *L'Alliance thérapeutique*, Retz, 2006.

DAMASIO Antonio R.,
Le Sentiment même de soi, Odile Jacob, 1999.
L'Erreur de Descartes, Odile Jacob, 2001.
L'Autre moi-même, Odile Jacob, 2010.

FANGET Frédéric, *Oser – Thérapie de la confiance en soi*, Odile Jacob, 2006.

FANGET Frédéric, ROUCHOUSE Bernard, *L'Affirmation de soi – Une méthode de thérapie*, Odile Jacob, 2007.

FRÈRE Jean, *Philosophie des émotions – Les sages nous aident à en faire bon usage*, Eyrolles, 2009.

HAHUSSEAU Stéphanie, *Comment ne pas se gâcher la vie*, Odile Jacob, 2008.

KABAT-ZINN Jon,
Où tu vas, tu es, JC Lattès, 1996.
L'Éveil des sens, Les Arènes, 2009.
Méditer, Les Arènes, 2010.

LADOUCEUR Robert, MARCHAND André, BOISVERT Jean-Marie, *Les Troubles anxieux – Approche cognitive et comportementale*, Masson, 1999.

LARIVEY Michelle, *La Puissance des émotions – Comment distinguer les vraies des fausses*, Les Éditions de l'Homme, 2002.

MICHAUX Didier, HALFON Yves, WOOD Chantal, *Manuel d'hypnose*, Maloine, 2007.

MICHEL Sandra, *Peut-on gérer les motivations ?*, PUF, 1994.

MOLLARD Évelyne, *La Peur de tout*, Odile Jacob, 2003.

ROBBINS Anthony, *L'Éveil de votre puissance intérieure*, Le Jour Éditeur, 1993.

ROGERS Carl, *Le Développement de la personne*, Dunod, 1998.

RUSINEK Stéphane, *Les Émotions : du normal au pathologique*, Dunod, Les Topos, 2004.

SEGAL Zindel V., WILLIAMS J. Mark G., TEASDALE John D., *La Thérapie cognitive basée sur la pleine conscience pour la dépression – Une nouvelle approche pour prévenir la rechute*, De Boeck, 2006.

SELYE Hans, *The Stress of Life*, Schrum's Paperbacks, 1978.

SERVAN-SCHREIBER David, *Guérir le stress, l'anxiété et la dépression sans médicaments ni psychanalyse*, Robert Laffont, 2003.

THIETART Raymond-Alain, *Le Management*, coll. Que sais-je ?, PUF, 2008.

TISSERON Serge, *La Résilience*, coll. Que sais-je ?, PUF, 2009.

TOLLE Eckhart, *Le Pouvoir du moment présent – Guide d'éveil spirituel*, Ariane, 2000.

YOUNG E. Jeffrey, KLOSKO Janet, *Je réinvente ma vie*, Les Éditions de l'Homme, 1995.

Index

D

E

F

G

H

I

J

L

M

Q

R

S

T

U

V

Table des matières

Composé par Sandrine Rénier

Certifié PEFC
Ce produit est issu de forêts gérées durablement et de sources contrôlées.
PEFC 10-31-2568
pefc-france.org

Achevé d'imprimer : EMD S.A.S.
N° d'éditeur : 4610 - N° d'imprimeur : 27520
Dépôt légal : décembre 2012
Imprimé en France

Cet ouvrage est imprimé - pour l'intérieur - sur papier Ambergraphic 90 g des papeteries Arctic Paper, dont les usines ont obtenu la certification environnementale ISO 14001 et opèrent conformément aux normes ECF et EMAS